BORROKA

ALFONSO J. USSÍA

BORROKA

Años de plomo y sangre

ESPASA

© Alfonso J. Ussía, 2024

© Editorial Planeta, S. A., 2024
Espasa es un sello editorial de Editorial Planeta, S. A.
Avda. Diagonal, 662-664, 08034 Barcelona (España)
www.espasa.com
www.planetadelibros.com

Primera edición: octubre de 2024

Depósito legal: B. 5.537-2024
ISBN: 978-84-670-7310-2
Preimpresión: Safekat, S. L.
Impresión y encuadernación: Huertas, S. A.
Printed in Spain - Impreso en España

Utilizar el orden para enfrentarse al desorden,
utilizar la calma para enfrentarse con los que la agitan,
esto es el dominio del corazón.

Sun Tzu, *El arte de la guerra*

Borroka es lucha, guerra, contienda, en Norteña.

ÍNDICE

ÍNDICE

Borroka bebe de la historia de España y de múltiples entrevistas con algunos de sus protagonistas de aquel período. Por razones de eficacia literaria este relato basado en hechos reales incluye algunos pasajes de ficción.

Cuando Deva Valdés decidió alistarse en la Guardia Civil, la televisión en España emitía la *Bola de Cristal* y *David el gnomo*. Ella no tenía antecedentes familiares en la Benemérita, ni tampoco vínculos geográficos en Norteña. El país vivía en plena democracia, gobernaba el PSOE de Felipe González y los Hombres G habían publicado *Devuélveme a mi chica*. Se encontraron los restos del Titanic en aguas del Atlántico Norte, Ronald Reagan inició su segundo mandato, robaron mil kilos en Barcelona del Banco Hispano Americano y se lanzó Mario Bros para Nintendo. La mano de Dios jugaba también al fútbol, el Comité Olímpico adjudicó a Barcelona la sede de los Juegos Olímpicos para el año 1992 y se enterró a Tierno Galván.

Deva Valdés era una chica curiosa, brillante para memorizar y con un sentido de pertenencia, de arraigo, de cuando la vida no se consumía en pantallas. Su infancia se desarrolló entre un amor incondicional hacia su padre, fallecido de cáncer con apenas cincuenta años, y una relación difícil pero sincera con su madre, a la que visitaba con frecuencia en casa de su tía en Madrid, adonde se fue a vivir cuando enviudó. Lo que ya fue inesperado y un golpe definitivo para Deva fue perderla también a ella cuando apenas tenía dieciocho años. En ese momento en el que la vida está entera por hacer, donde cabe cualquier pretensión, cuando una persona puede llegar a ser lo que quiera, fue en ese preciso instante en el que para Deva Valdés todo cambió. Los primeros meses fueron grises y nublados. Una soledad que la hizo más serena si cabe, menos soñadora y también un poco más triste. Una niña mujer hecha adulta a golpe de vida, que es la madurez impostada de quien tiene los pies en la tierra.

España era una democracia imberbe, joven y llena de ganas. Una «movida» que tituló Paco Umbral en su *Spleen de Madrid*, que estallaba en cada rincón del país en la misma medida y con las mismas consecuencias. Rock a raudales, destapes y una cierta resaca que asomaba ya en 1986 y 1987, porque especialmente del desenfreno es de lo primero que uno se cansa. Como de todo. Como de nada. En cualquier caso, la sociedad española estaba encajándose, dejando en la concordia esos asuntos heredados que enfrentaban a los hunos y hotros (*sic* Unamuno), y viviendo sin complejos todo lo que estaba por venir.

Mientras esto sucedía, la generación nacida a finales de los años sesenta, la de Deva Valdés, la que no tenía memoria ni pasado que echar en cara al contrario, lucía orgullosa ese palabro que tanto significaba para casi todos: democracia. Una Constitución nueva brindaba a todas las personas nacidas en España los mismos derechos y obligaciones, un amparo contra cualquier injusticia que se perpetrara sobre la gente y un descanso en forma de futuro para todos aquellos que sí sufrieron la barbarie de la Guerra Civil y de la posterior dictadura. Sin embargo, la banda terrorista ETA no había enterrado con la muerte de Franco su actividad, sino más bien al contrario.

De 1958, año de la fundación de la banda terrorista, hasta 1975, año en el que muere Francisco Franco, ETA asesinó en España a cuarenta y tres personas. Solo en 1980 mataron a más del doble que durante la dictadura, lo que demuestra que, lejos de ser un grupo de revolución o lucha contra el franquismo, como les gustaba definirse, se trataba de un grupo de asesinos que sembró el terror en las calles de España con especial ensañamiento desde que la democracia imperaba en todo el territorio nacional. No hay ninguna persona nacida en España en los años setenta u ochenta que no se acostumbrara a convivir con los atentados. Podía pasarte, podía estallarte, podían matarte.

Pero en 1987, cuando comienza esta historia, los objetivos de la banda dejaron de ser militares o miembros de las Fuerzas y Cuerpos de Seguridad del Estado. Ya no solo mataban a jueces o fiscales, guardias civiles o policías. Comenzaron a servirse de su causa para estallar por los aires a niños, a mujeres y demás personas inocentes, porque su causa precisaba ahora de cualquiera, como si eso de matar fuera un privilegio otorgado por el fin *abertzale*. Y fue precisamente uno de esos atentados el que despertó en Deva Valdés el deseo de luchar contra el terror, de aportar su grano de arena por la justicia y la libertad y, muy especialmente, por su país.

Es curioso y tremendamente poderoso el motivo de una decisión de vida así. Sería hasta pretencioso, si no fuera porque la convicción de alguien no necesita de halagos ni de menciones. Simplemente, algo no estaba funcionando y una persona honesta, honrada y valiente como Deva sintió que su lugar estaba con los verdes, con esos hombres y mujeres que se jugaban la vida para que los demás pudieran seguir adelante con la suya. Un empleo mal pagado, incómodo, peligroso y poco reconocido por la sociedad, pero que al mismo tiempo no se podía explicar simplemente con palabras. Ser guardia civil mientras los demás querían ser estrellas del rock era una *rara avis*. Aunque, en realidad, no me imagino mayor estrella del rock que un guardia civil que no duda en dar su vida por los demás, muy especialmente cuando, desde Norteña, una banda terrorista decidió hacer de España su campo de batalla.

1

Parรญs, mayo de 1989

Nunca se sabe cuántos amaneceres le quedan a uno por ver, madrugar, oler..., sentir esa luz que se enciende gracias a ese momento tan íntimo, solitario, lento y tan personal, cuando en realidad es el mismo para todos. El bucle de seguir sintiéndose vivo sin saber, sin pensar, sin que nos condicione que tal vez pueda ser el último, o quizá no, quién sabe cómo va eso de morirse. O de que te maten. Dicen que los pájaros cantan cuando se acuesta el sol del miedo que le tienen al fin del mundo, al ocaso, a ese último día. Por eso, cuando llegan las primeras luces del amanecer, vuelven entusiasmados para tener otras doce horas más de sol. Es un renacer, un nuevo tiempo que les regala la vida. Y cantan para celebrarlo como cantan angustiados cuando ven que se acaba y se acerca el final, llenos del temor de no volver a ver la luz del día siguiente.

La mañana era fría en París el 13 de mayo de 1989. Los coches de la comitiva se introducían en la ciudad atravesando el puente de Saint Dennis. Desde que salieron del aeropuerto Charles de Gaulle, dos motocicletas de la Gendarmería anunciaban la prisa que tenían por llegar al Palacio de Justicia, en el número 10 del Bulevar du Palais, a orillas del Sena. El enorme edificio, levantado sobre el viejo Palacio Real de San Luis, mantenía intactas algunas curiosidades históricas, como la celda donde estuvo cautiva María Antonieta antes de ser pasada bajo la cuchilla en esos mismos patios a los que llegaban el juez de instrucción del juzgado número 5 de la Audiencia Nacional, Baltasar Garzón, y la fiscal adscrita al mismo juzgado, Carmen Tagle.

El motivo de la visita no era otro que el de obtener la mayor información posible en los interrogatorios que el juez francés, Michel Legrand, realizaría a los tres arrestados por la policía francesa pertenecientes a la banda terrorista ETA, entre los que se encontraba, ni más ni menos, el jefe del aparato político de la banda, Josu Urrutikoetxea, alias *Josu Ternera*. La visita no era baladí, ya que, en caso de no obtener mucha colaboración por parte de la justicia francesa, comportamiento que era muy habitual entonces, el juez Garzón tenía previsto atacar con un dosier que contenía las principales investigaciones que la justicia española mantenía abiertas contra los terroristas detenidos.

Aún los días del mes de mayo a orillas del río de los enamorados se llenaban del frío que trasladaba la humedad del agua, haciendo que los dos sintieran su golpe canalla nada más bajarse del coche oficial. Allí les esperaba el secretario del juez Legrand junto con dos miembros de las Fuerzas y Cuerpos de Seguridad españoles, que ya habían llegado en otro vehículo: el comisario Emilio Calzada y el inspector de policía Enrique Díaz Pintado. Ellos le hicieron entrega al juez Garzón de una segunda carpeta con la información que comprometía también a Urrutikoetxea. Era un as en la manga que el magistrado utilizaría en caso de atascarse el asunto, pues la cooperación entre la justicia francesa y la española aún quedaba lejos de ser habitual; todo lo contrario, en la mente de los vecinos todavía existían algunos vestigios de operaciones policiales en suelo francés que no ayudaban a ello. Catorce años de una democracia no eran suficientes para algunos sectores de la justicia y de la sociedad galas.

Atravesaron el patio de armas y comenzaron a subir la lenta y alargada escalinata, solemnes peldaños de tiempos regios que ahora pretendían doblegar con su imponente apariencia a una justicia igual de jerárquica, pero que aún no terminaba de distinguir muy bien el problema que tenía bajo sus lindes. El objetivo era muy claro: se acabaron los tiempos de Franco, del GAL y de las excusas. Necesitaban conseguir que Francia cooperara y dejara de tratar a los terroristas como «refugiados». Pero la cosa empezó con mal pie, tal y como el juez Garzón había previsto.

—Creo que sería conveniente comenzar por la mujer, la señora Elena Beloki, pero debemos desplazarnos hasta la prisión de la Santé. Respecto a los otros dos detenidos, sí podremos utilizar estas dependencias del Palacio de Justicia —comentó el juez Legrand.

—Adelante —asintió Garzón. El juez percibió la frialdad y el muro de indiferencia de su homólogo francés desde que se estrecharon la mano en la puerta de su oficina en Madrid, unas semanas antes. Era tan reacio o tan francés que enervaba un tanto el ansia del español. Aunque la que tenía la mecha aún más corta era ella. Implacable.

Durante el nuevo trayecto, Carmen Tagle y Baltasar Garzón no dejaron de mostrar la desconfianza que sentían en la cooperación francesa. No solo les molestaba el hecho en sí, sino que la distancia que imponía el trato con el juez Legrand dejaba entrever que la jornada no sería ni mucho menos fructífera entre dos Estados democráticos supuestamente similares. Pero, desde hacía meses, las causas que entraban en el juzgado número 5 de la Audiencia Nacional relacionadas con terrorismo se habían convertido en la prioridad del equipo que se desplazaba, con el reflejo de la Torre Eifell en los cristales tintados del coche, hasta la temida cárcel de La Santé. No ayudaba para los nervios la carrera por las calles de París a todo derrape, sonando impertinentemente al paso de los cuatro vehículos oficiales y las motos de la Gendarmería: volantazo, acelerón; sin poder mirar un poco las aceras y los escaparates, cosa que a la fiscal le molestaba. Por algo era París.

Las sirenas incordiaban en la conversación y conseguían que los nervios, especialmente los de Carmen, se notaran más fértiles y vulnerables, ya fuera por bruxismo o por temor. Ella estaba menos acostumbrada a este tipo de trayectos, que la mareaban como si estuviera en un bote a la deriva en la mar. Sin embargo, sí se parecía el horizonte de París al paisaje de agua, con chimeneas alargadas y tejados de cinc, pero igual de largo e inabarcable, complejo, salvaje de aquellos que vivían en la lucha al amparo de la ley y la justicia frente a las balas y el amonal; todo un soberbio talante de valentía, de toga a prueba de bombas y con lo que se pretendía poner orden a nuestro derecho más fundamental: la vida.

—Legrand va a hacer el interrogatorio en francés. No nos dejará preguntar y debemos mantenernos en silencio. Me lo ha dicho su secretario.

—No puedo comprender lo que les pasa a estos franceses. ¿De verdad me dices que no podemos preguntar nada?

—No. Debemos trasladar nuestras preguntas y él se las formulará.

—¿Y qué hacemos aquí, Baltasar?

—Cambiar eso.

—Hay que ampliar las condenas si es necesario. La única forma de acabar con ellos es metiéndolos en la cárcel tanto tiempo que se les quiten las ganas de matar.

—¿Y esa carrera? —preguntó Garzón señalando las medias de Carmen.

—No estoy segura. O al bajarme del avión o al morderme los nervios cuando le he notado la piel al juez francés.

—¿Quieres que paremos a comprar un par?

—De ninguna manera, Baltasar. Luego ya compraremos lo que haga falta.

Llegaron a la cárcel. Subieron a una habitación pequeña, dentro de las dependencias de la dirección de la prisión de La Santé, donde permanecía detenida Beloki desde su arresto en Bayona, en enero de ese mismo 1989, junto a Josu Urrutikoetxea. En el momento de su detención, la terrorista portaba una pistola Browning de nueve milímetros parabellum. Por eso, los cuatro meses que habían pasado detenidos en París sirvieron para que se hicieran un sinfín de movimientos entre el Gobierno español y la cúpula de ETA y pudieran prepararse las conversaciones de Argel. Por eso, todo se llevaba a cabo con cierta ambigüedad, poniendo en equilibrio los intereses de la justicia española y del Gobierno, que por entonces también estaba en el ojo del juzgado número 5, que procesaba con la misma energía los crímenes de ETA y los rastros que dejaban los cadáveres de los asesinados por el GAL. Muchos de ellos, en territorio francés, razón de más para la ambigüedad que manejaban los vecinos.

Elena Beloki era morena y con ojos marrones, delgada, no llegaba a los treinta, y una de las responsables del aparato logístico de la banda. Se la relacionó con Santi Potros, detenido dos años antes, y con Juan María Olano, pero se cree que mantenía una relación sentimental con Josu Ternera en el momento de su detención. Y Carmen Tagle comenzaba a ser molesta —tanto para Beloki como para los franceses—, indicativo principal de que estaba haciendo las cosas bien. O eso pensaba Garzón, mientras traducía las preguntas del juez Legrand a Elena Beloki:

—¿Quiénes son estas personas? —preguntó.

—Son el juez de la Audiencia Nacional Baltasar Garzón y la fiscal del mismo juzgado —contestó Legrand, omitiendo el nombre de Tagle, tal como previamente había solicitado Garzón, dada la opción que daba la justicia española para no identificar al fiscal de una investigación en curso.

Entonces escucharon un matiz, un algo en la conversación entre el magistrado francés y la acusada que terminó por convencer a los españoles de que debían entrar en acción.

—Están aquí presentes debido a los acuerdos de cooperación que existen entre los dos países, aunque yo no estoy de acuerdo —había dicho Legrand.

—Esa gentuza representa a la justicia de un país que asesina a sangre fría a los refugiados vascos que luchamos por nuestra identidad y por la libertad —añadió Beloki.

—Lo sé, señora, pero debo guardar las formas en lo que se refiere a este interrogatorio.

Hasta aquí. Hay que pasar al ataque, pensó Garzón.

—Señoría —interrumpió—, ¿le importaría que tuviéramos un momento para discutir un asunto, por favor?

Garzón llevó a Legrand a un despacho adyacente. Fue ahí donde sacó el dosier con las imágenes e informes de algunos de los atentados por los que querían procesar a Josu Ternera, Santi Potros y Beloki, pero, sobre todo, quería que Francia dejara de ponerse de perfil en un asunto de tal importancia para la normalidad democrática de cualquier país.

El atentado contra la casa cuartel de la Guardia Civil de Zaragoza era el contenido de uno de los informes que Garzón expuso a Legrand. Se produjo el 11 de diciembre de 1987 y murieron once personas, de las cuales cinco eran niños. Hubo, además, ochenta heridos y provocó el derribo del edificio. Después sacó el dosier del atentado de Hipercor de Barcelona, del 19 de junio del mismo año, en el que tenían indicios de que pudo estar involucrado Santi Potros. Este atentado mató a veintiuna personas y dejó cuarenta y cinco heridos. Fue un viernes por la tarde previo a las vacaciones de verano, lo que garantizaba un mayor alcance tanto de víctimas como de presión social. Se avecinaban tiempos de cambio, y no solo en el seno de la banda terrorista ETA.

—¿Usted también ve refugiados en estas fotos, señoría?

—¿Perdón?

—Que si van a seguir ignorando los hechos o van a tratar a esta gente como los asesinos que son.

—No tenía conocimiento del alcance de sus acciones.

—No son acciones, señoría, son atentados terroristas.

Después, la actitud del juez Legrand cambió radicalmente. Acrecentó aún más su aspecto alargado y de ocaso capilar la forma en la que palideció tras contemplar algunas de las imágenes. Empezó a mostrar la mirada perdida, los ojos más tensos, vidriosos, incluso. La estrategia del juez español fue un sopapo en toda regla para el eslogan de derechos humanos que siguió a la guillotina por estas tierras.

Tras terminar el interrogatorio de Beloki, Garzón observó un detalle en Tagle que no dejó pasar desapercibido. Además del ritmo y del ajetreo que había supuesto la mañana, desde que salieron del aeropuerto de Torrejón de Ardoz, ella no dejaba de perderse en los silencios que siguieron a cada una de las respuestas. Parecía como si necesitara tiempo para ir asimilando toda la información que estaba encajando como un puzle en su cabeza. Ni siquiera se había percatado que sus medias dibujaban dos carreras que le recorrían las piernas, como si del todo fuera secundaria cualquier otra cosa que no se tratara de ordenar para el siguiente nivel: los interrogatorios de Ternera y de Potros.

—¿Podríamos pasar un momento por las Galerías Lafayette, por favor? —pidió Garzón al chófer.

—¿Por?

—Creo que necesitas dos o tres pares de medias, vaya ritmo.

—Son las segundas —respondió Tagle.

—Iremos después de la jornada en el Palacio de Justicia. ¡No se preocupe, por favor! —exclamó.

—Ahora tenemos los más complicados.

—Llevamos cerca de doscientas preguntas a Potros y Ternera —comentó Garzón.

—Esta Beloki no nos ha dicho nada.

—Veremos ahora.

Llegaron al distrito Uno de la ciudad. Nada más aparcar en la puerta, el dorado en las puntas de lanza de la valla negra del perímetro les devolvió la entereza para lo que restaba del día. Parecía como si el enorme edificio empacara el aplomo de los instructores españoles. Bien es cierto que el mero hecho de estar ahí era un avance enorme en la colaboración entre los dos países, pero no lo suficiente para todo lo que se cocía en Francia, muy especialmente en el sur, santuario que la cúpula de la banda terrorista utilizaba con total impunidad.

El primero en pasar a la sala fue Josu Ternera, del que se sospechaba que era uno de los jefes de ETA. El encuentro fue frío y tenso, como la mirada que partía de sus cuencas hundidas y huidizas. Tenía los ojos pequeños, la boca grande y la barbilla angulosa, remarcando una silueta de media luna coronada con pelo corto alborotado. No tardó en decir que no respondería a un tribunal que utiliza la tortura como medio para sacar información en el «Estado español», como se refería al Gobierno de España. Carmen Tagle era una persona vehemente, temperamental y que se entregaba al trabajo con la dureza y la rigidez que luego escaseaba en su lado personal: atenta, generosa, callada. Pero en su trabajo, en su vocación, era implacable. Entonces Josu Ternera volvió a esquivar las preguntas del juez Legrand preparadas por ella.

—No reconozco la justicia de un Estado que somete con torturas a los refugiados vascos.

—Valiente hijo de puta —exclamó Tagle.

En ese instante, el gesto y la expresión de Ternera cambiaron radicalmente. Frunció el ceño al tiempo que sus labios quisieron contestar a esa voz impertinente que acababa de insultarle. Se aguantó y dirigió la atención hacia el juez francés. No toleraba semejante agravio y mucho menos ante una mujer que consideraba el enemigo en todas y cada de las causas por las que luchaba.

—Y esta mujer, ¿cómo se llama? —preguntó a Legrand clavando su vista en la fiscal.

—Es la encargada de la investigación por parte de la Fiscalía de España.

—Muy bien —respondió Urrutikoetxea.

—¿Va a responder algo o seguirá sin colaborar con las autoridades? —repitió el juez Legrand.

—Con este no avanzamos nada —comentó la fiscal a Garzón.

—Que traigan a Santi Potros —pidió el juez Garzón.

—Sabe que, si no colabora, señor Urritikoetxea, la justicia francesa continuará sus indagaciones con nuestros colegas de España. Lo tiene claro, ¿cierto?

—No considero a sus colegas, ni mucho menos al Estado o al país que representan.

Santi Potros llevaba detenido en Francia casi dos años. A diferencia de Ternera y Beloki, Potros atravesaba un momento peculiar, sobre todo desde que su condición de refugiado en Francia se había cancelado después de las distintas pruebas aportadas por diferentes administraciones de Justicia. También fue muy criticado en el entorno de la banda, porque tenía la costumbre de apuntarlo todo, con lo que la Guardia Civil dispuso de cantidad de información que pudo aprovechar en la lucha antiterrorista. España lo reclamaba por el macabro atentado de Hipercor, que demostró que ETA no solo no pensaba dejar de atentar en democracia, sino que la nueva cúpula defendía el inicio de una escalada de terror que ampliara objetivos y se saliera de las clásicas dianas pintadas en militares o guardias civiles.

Tenía el pelo corto, los ojos grandes y oscuros, la boca cerrada entre el desprecio y la indiferencia, gesto desafiante, mirada implacable. Luego no pareció tan duro. El interrogatorio duró ocho horas y se amontonaban las pruebas contra él. Entre otras cosas le preguntaron por el Comando Madrid, después de encontrarle una documentación en la que miembros del mismo valoraban personalmente el atentado cometido el 25 de abril de 1986 en la calle de Juan Bravo esquina a Príncipe de Vergara. La capital de España venía siendo el escenario de la nacionalización de los atentados y el comando que operaba allí no dejaba de confundir a los investigadores de la Guardia Civil.

★ ★ ★

—Apenas comimos nada.

—Menuda jornada, sí. ¿A qué hora sale mañana el vuelo?

—A las nueve menos cuarto. Tengo que estar en la Audiencia a las doce sin falta.

—Podríamos cenar algo en alguno de los restaurantes de Montmartre.

—Yo necesito tomarme un vino primero.

—Pues estamos en el sitio, Carmen.

—Bueno, a ver si es verdad, Baltasar.

—¿Necesitas pasar por el hotel antes?

—Al menos para cambiarme de nuevo las dichosas medias.

La noche de París era de fiesta y servida en bandeja redonda de terraza. Tenían el suplemento de poderse fumar un cigarro; después del día, los dos necesitaban una forma de relajarse. El vino ayudaría, pero también lo haría esa noche parisina de ruido y bohemia que les permitía jugar a ser otras personas. Distintas parejas podían parecerse a Carmen y Baltasar, salvo que sería extraño que estuvieran también en una misión de tales características. Casi todos eran turistas, algunos locales, pero esos venían cenados a tomarse el vino blanco de postre. Los dos estaban cansados de seguir con este tema, demasiado crudo, demasiado diario. También era su razón de ser. Se sentaron en la primera mesa que vieron con buenos ojos, redonda, con dos sillas negras. Un camarero con servilleta en el antebrazo les tomó la comanda.

—¿Cómo está tu sobrino?

—En el nuevo centro le están sacando adelante. Al menos tienen la técnica que necesita —contestó Carmen.

—No es fácil tratar estas cosas. Ni baratas.

Les interrumpía el ruido del acordeón.

—¿Crees que los gabachos cambiarán de actitud?

—No puedes hablar de otra cosa, ¿eh?

—Baltasar, esto es una locura. Hay que cortar por lo sano.

—Creo que va ayudar mucho que sigamos adelante con la investigación del GAL.

—Desde luego que sí.

Al terminar, decidieron pasear hasta el hotel. No distaba más de cuatro manzanas, ideales para un paseo de postre, aunque ella no pudo dejar de pedirse unas crepes Suzette al terminarse el sándwich. Los dos eran colegas y amigos, pero también compañeros desde hacía largo tiempo, y este pasaba del mismo modo junto a los dos, mellando de igual manera, con semejante erosión sobre su ánimo y descanso. Muchas veces, tantas veces, otras veces. Una moto les hizo mirar demasiado preocupados hacia el ruido de su motor. Pasó de lado, pero fue suficiente como para que uno de los escoltas asignados por la Gendarmería se acercara a ellos con la mano dentro del bolsillo interior de la chaqueta. Era curioso ver cómo Francia, sabiendo cómo se las gastaban en la frontera, reforzara con contravigilancia la estancia del juez y la fiscal.

En España apenas estaban cubiertos en materia de seguridad. En Francia no querían que hubiese jaleo, sobre todo después de los episodios que habían sufrido algunos años antes por la actuación del GAL (Grupos Antiterroristas de Liberación). De hecho, esta contravigilancia francesa no se sabía muy bien si era para protegerles a ellos o a Francia. En cualquier caso, esa noche los estaban controlando.

2

MADRID, UN DOMINGO CUALQUIERA

Era domingo en Madrid, algo polar, como si se hubiera adelantado dos o tres meses el viento que bajaba por la meseta desde la sierra. El cielo azul de negro, con surcos débiles de frío, aún a oscuras, pero del todo despejado. Desde temprano, Deva estuvo apostada en una esquina de Mesón de Paredes con la Ronda de Toledo. Le habían comentado algunos compañeros el primer trajín que vive el Rastro de madrugada, cuando los carteristas y el hampa vendían botines a los de licencia de domingo, más barato, sin pedir explicaciones ni quererlas saber. Algunas veces, la policía aprovechaba para trincar a algún mangante, aunque también eran muchos los que usaban al primo o a la mujer para no verse detenidos el día del Señor. Lo que sí se hacía evidente era el ritmo frenético que mostraban esas primeras transacciones. Todo muy oculto, todo robado, y alguna mirada de más podía disponer de un vuelco o de algo peor. Por eso Deva no permanecía quieta, se movía, aparentaba y a la vuelta de la esquina se volvía al silencio mudo que dejaban a su lado las cuestas de Lavapiés y de este pueblo que era El Rastro.

Ella buscaba dos siluetas, aunque todavía era temprano. Decidió entonces tomarse un café que olía a churros desde la esquina anterior, donde los *vendealmas*. Allí se metió para hacer tiempo y calor con la manduca. También era más seguro, puesto que Deva no llevaba su arma oficial.

Dos hombres tomaban un sol y sombra. La cafetera sonaba invencible mientras que el camarero repasaba con ojo de lince el aspecto de Deva. Demasiado temprano para una turista, demasiado guapa para delincuente; debía de ser madero. Pero entonces estaría acompañada, se decía el hombre mientras servía con las dos manos dos leches dispares de temperatura. Ella no dejaba de escrutarlo todo. Por eso había sido seleccionada. Tenía la mirada curiosa, atenta y rápida. Además, se quedaba con una imagen espacial de todo el cuadro. Deva no era ni guapa ni fea, ni flaca ni gorda, ni alta ni baja. Era simplemente perfecta para su jefe, el capitán González, que la fichó desde la primera jornada que pasó en la Escuela de Guardias Civiles de Baeza. Apenas dio importancia a las prácticas de tiro, porque Deva no era la más ávida de su promoción con la pistola, pero desde luego sí que lo era con la cabeza.

Dejó sobre la barra el dinero que costaba el desayuno y se sentó en la mesita elevada pegada al cristal de Ribera de Curtidores. Toda la calle con sus balcones, plantas y flores recién regadas en la manía de sus floristas, algún que otro vecino asomándose al balcón en calzoncillos y pitillo en la boca. Dos o tres señoras con bata de cuadros acolchada, y otra de un azul con tacto de algodón, también buscaban al aire los primeros rayos de sol. Abajo, el ajetreo cada vez más ruidoso. Madrid levantándose.

Desde ahí tenía una posición privilegiada. Comenzaba a pasar gente que abría el mercado de las cosas que no se tiran nunca. Podía distinguir sin apenas cometer un error a lo que se dedicaban las personas que divisaba desde la ventana. Ese vendedor, ese ladrón, esa señora es una busca chollos, esos siguen de fiesta… Cada silueta era escrutada por Deva mientras el café se consumía sorbo a sorbo sin dejar de mover los ojos hacia los dos lados. De pronto, algo llamó su atención y los movimientos de su cuerpo se pararon, como siguiendo con los hombros y la cabeza lo que acaba de ver. Eran ellas. Aún era temprano para seguirlas sin que se dieran cuenta, pero no estaba segura del todo de volver a encontrarlas después.

Decidió salir del bar e ir tras ellas cuesta abajo. El Rastro empezaba a generar otro tipo de ruido, de puertas cerrándose, de coches que apagaban el motor al ritmo de mesas plegables que se abrían. Cajas, sonidos metálicos, los primeros cánticos, unas risas entre dos comerciantes, y el cielo ganando de azules y acercando la hora primera del mercado de Madrid.

Ellas bajaban directas por Curtidores. Apenas hablaban con nadie; si acaso, alguno las saludó con la mano mientras colocaba las perchas en los burros metálicos. Su aspecto no era el definitivo, puesto que a los jerséis con bolas de viejo largos, mallas y una rebeca abierta y deshilachada después se uniría un delantal con dos bolsillos: uno paras las ramas y otro para el *jurdó*, como llamaban al dinero. Ya lo decía Machado: *se miente, pero no se engaña,* que hablaban dos gitanos. Y Deva supo que serían ellas de las que debía aprenderlo todo.

Se pararon al llegar a una furgoneta donde un padre o marido mayor que una de ellas aguardaba sentado en una silla de madera y mimbre traída de casa. Apoyaba las manos en un bastón que casi le rozaba la barbilla. Tenía un bigote canoso, un sombrero gris pasado y la camisa abierta en los botones más altos. Apenas se dirigieron palabra. Ellas terminaron de colocarse los delantales y salieron en la misma dirección, pero separadas por un par de metros, caminando despacio cuesta arriba por Curtidores y tratando de elegir bien su presa. Aún era demasiado pronto, o quizá para eso no lo era nunca del todo, así que Deva siguió a las dos mujeres tratando de imitar en su cabeza la forma en la que se desenvolvían, cómo paraban al primero de los transeúntes, al segundo, cómo movían la muñeca, cómo sujetaban el romero, la colocación de sus pies, la actitud con el resto del cuerpo, si insistían, si no lo hacían. Nada quedaba fuera del alcance de Deva, que registraba esas maneras aprendiendo el papel de una obra de teatro. Todos los gestos, de todas sus formas.

Al pasar delante de una casa de comidas, una de las mujeres entró para ver si vendía ilusiones a los del primer café. La otra esperaba fuera siguiendo el proceso, intentando llevarse alguna moneda al bolsillo del delantal, musitando cosas al paso de la gente o callando cuando veía improbable que picaran. Deva se percató de un mono que estaba atado junto a la puerta del bar. Algunos cacahuetes se deshacían desde la comisura de la boca del simio. La mujer de fuera apenas le prestaba atención, los dos miraban hacia la calle, pero Deva no podía dejar de mirar al mono, acostumbrado a la gente y a la barra. Los soldados de Pavía bajo el cristal de la barra, anchoas, latas de conservas y un grifo de vermut. La calle había estallado en un segundo, de los primeros que asistieron al mercado pasaron a todos de golpe mirando, curioseando, de paseo, de compras o de cañas, y a Deva le costaba cada vez más descifrar lo que salía por la boca de la mujer entre el bullicio reciente. También se oían ofertas, *me lo quitan de las manos, vamos, que esto se acaba,* y demás trucos de motivación comercial. Las dos mujeres se dirigieron hacia La Latina cuando coronaron el final de la calle. Deva, entonces, se acercó apresuradamente a ellas. La segunda se dio cuenta, como al notar la sombra del rabillo del ojo, una alerta, un instinto que la hizo mirar atrás y toparse con Deva a medio metro de distancia.

—Qué dices, niña, que te chocas.

—Perdona, estaba mirando la tienda esa.

—¿Tú *quiere* que te diga una cosa buena que he visto yo?

—¿Perdón?

—Mira, escucha. Cógete esta ramita de romero, toma, llévala en la mano, que además huele muy bien.

—Yo te digo que estás soltera y buscando una pareja que te cambie entera, ¿verdad?

Deva se detuvo. Alargó la mano derecha para que la mujer la sostuviera. Con la izquierda sacó una moneda de quinientas pesetas que casi ocupaba su palma entera. Se la metió a la bruja al bolsillo, directamente sin pasar por su aprobación.

—Vale, niña, te leo la mano entera.

Deva apenas asentía. Estaba focalizada en quedarse con cada uno de los gestos que pudiera desprender la mujer. Su manera de contar, que si la raya larga dice vida, que si la corta, uy, eso es el amor, pero Deva ya contaba con eso, se sabía muy bien. La otra mujer se paró esperando que terminaran. Entre golpes y algún momento que se soltaron las manos, Deva supo un poco más sobre la manera que tenían de hacer la calle las personas como ellas. Era su objetivo, aprender de las mejores, así lo habían decidido Deva y su jefe, el capitán González.

Ya tenía todo. Soltó su mano y devolvió el romero. La otra mujer se percató de que su mirada era distinta. Ya no era la curiosa que casi se tropieza. La chica que soltaba su mano era por lo menos una *pestañi* [policía]. No quiso seguir mirando. Se apresuró a darse la vuelta haciendo un gesto vago a su compañera para que no mirara atrás. La otra inició el ritmo; la segunda, aún con los nervios de saberse en un lío. Deva empezó a caminar hacia el lado contrario, en vez de a La Latina y al mercado de la Cebada, siguió hacia Tirso de Molina y la zona de Antón Martín. Con el trabajo terminado, el domingo aún era largo, temprano como para regalárselo a la pereza. También el Rastro mutaba de cosas; ya no se vendía la sociedad burguesa, su decadencia o lo poco que quedaba de ella, cada vez era más común que cosas inútiles llenaran también las mesas al peso, precio de voluntad, un roto guardado que sabía más a pobreza y a desesperación que a subasta. Pero es que Madrid cambiaba muy rápido, como las clases sociales, las baratijas o la gente con parné.

★ ★ ★

La semana comenzaría fuerte. Harían un ensayo general de toda la operación en un pueblo cercano a Éibar, aprovechando el jaleo por sus fiestas patronales. Serían más de doscientos agentes, treinta vehículos y dos unidades del Grupo de Acción Rápida (GAR) para detener a tres personas. Si lo hacían en el mismo Andoáin, la cosa llamaría demasiado la atención. Deva tenía que desempeñar dos papeles esa mañana: de tahúr del engaño y de turista perdida. Y eso que cuando la ficharon nadie le dijo que debería hacer misiones de campo. Lo suyo era la atención, los datos, eso de resolver puzles y crucigramas con la destreza de una peluquería de salón. Pero, hasta la fecha, la mayoría de las misiones que comprendían el anonimato o el disfraz de cambio de género venían siendo realizadas por los guardias que tenían un aspecto más afeminado o de menor estatura. Esa fue otra de las cosas que cambiaron con la ley que el Gobierno de Felipe González había aprobado para que las mujeres accedieran a las plazas del Ejército con las mismas condiciones que los hombres. Se abría el acceso a un tipo de mujeres valientes, decididas, innovadoras y del todo comprometidas con las circunstancias que conllevaba su destino.

Deva aprovechó este nuevo paso de igualdad en su primera promoción. Había completado dos años de formación y se estrenaba en un destino recién creado, en los Servicios de Información de Guipúzcoa, bajo las órdenes de su primer jefe, el capitán González Orlí, quien no le terminó de asegurar que no participaría de ninguna misión tan arriesgada en su primer mes de destino. Por eso eran tan especiales; los primeros de la lucha contra el terrorismo en el jodido centro del campo de batalla, en la provincia de Guipúzcoa, con cuartel en Irún, en el centro de la tormenta.

Al llegar a Antón Martín, vio en la televisión de un bar la ultima hora sobre un posible secuestro de ETA, un empresario industrial de Pamplona. Deva se levantó del taburete y se acercó al teléfono público que había en la pared que daba acceso a los baños y a la cocina. Nada más marcar el teléfono, del otro lado le indicaron que debía presentarse lo antes posible en la Unidad Central, en la calle de Guzmán el Bueno de Madrid. Colgó el teléfono y se dirigió a la parada del metro más próxima para acudir al boletín. Cuando el honor es tu divisa, el tiempo se limita a cumplir lo que juraste. Y sin sindicatos.

En la misma puerta del edificio le informaron de que el empresario secuestrado era Adolfo Villoslada, el dueño de Construcciones Metálicas Añuri, dedicada a fabricar estructuras de metal. Todo había sucedido algunas horas antes. Pero lo que se avecinaba no era solo recabar información del secuestro.

★ ★ ★

Aquella mañana del 24 de noviembre, el empresario caminaba aturdido y acojonado de miedo, mientras por su nariz entraban los aromas del pinar que pisaba. Dos personas, hombres por su fuerza, le tiraban de los brazos hacia delante, pero el suelo le incomodaba a cada paso, alguna piedra, otro giro, notaba los troncos y se imaginaba el tiempo que había transcurrido en el maletero del coche hasta que comenzara esta pesadilla por el bosque. Al rato pararon. Escuchó el ruido de una tapa al levantarse, cómo gritaba la argolla que unía esa puerta metálica con su base. Unos pasos bajaban unos escalones de madera y comprendió que había un tercer hombre en esa parada, ya que sentía los brazos dormidos bajo las manos de sus captores.

También tuvo que entrar y bajar por esa pequeña trampilla. Desde abajo le agarraron por la cintura y le colocaron de espaldas para bajar al zulo. Un momento antes de tocar el suelo, Adolfo notó el cañón duro de una pistola en el costado, junto a las costillas. Estaba aterrado y sabía que se trataba de lo que no dejaba lugar a dudas. ETA lo había secuestrado.

Después oyó cómo se cerraba la trampilla de un portazo. Uno de los hombres le quitó la banda de los ojos y le sentó sobre una silla plegable. Una mesa sirvió para que colocara un paquete de tabaco y unas cerillas.

—¿Quieres fumar?

—No.

—Van a tener que pagar, ¿sabes?

—No podemos pagar, se lo aseguro.

—Bueno, eso ya lo veremos. Muchos empleados tiene la fábrica. Sabemos todo.

—Me vendieron de dentro, ¿eh?

—Si no pagas, te metemos una bala. Verás si pagas o no.

—¿Pueden decirle a mi familia que me encuentro bien?

—Ten paciencia. No vas a salir de aquí hasta que paguen, y no te aseguro que no salgas en horizontal. Te traeremos de comer, pero no pierdas el tiempo en gritar ni dar problemas. Tendrás vigilancia y, si nos complicas, te matamos.

Mientras se despedía de su captor, Adolfo encontró un colchón sobre un madero a modo de somier. También había una silla plegable de tijera y una taza de latón. Se tumbó apesadumbrado, roto, agotado y nervioso. Escuchó el doble clic de la cerradura de la trampilla. Después, un sonido que parecía contenerse dentro del espacio. No más de dos metros y medio por uno setenta. Generosa habitación. Luego, un escudo de ETA tallado en madera en una de las paredes; al otro lado, varias cajas con latas de conserva. De atún a mejillones, había cerca de trescientas latas preparadas para abrir y tomar. Varios camping-gas que estaban desarmados, con alguna pieza de menos y en desuso; también varias botellas de agua y una bota de vino. No pudo encontrar el abrelatas, así que esa noche que empezaba a matarle la pasó sin moverse del petate, con los zapatos puestos, las manos cruzadas y el pánico tumbado en la misma cama.

Sobre aquel zulo, uno de los hombres se destapaba la cara retirando el pasamontañas. Germán se subió el suyo hasta la frente, se encendió un cigarro y comentó:

—Yo me vuelvo, que mañana debo estar en la fábrica como si nada.

—Ya. A ver si no suspenden el turno.

—No creo. El cabrón anda ahora hasta arriba de tajo. No pueden parar las entregas.

—Mejor. ¿Si eso le das una barra de pan algún día, o algo?

—Sí, hombre, y le traigo el café —dijo entre risas.

—Nos ponemos en contacto la semana que viene. Te llamo el lunes. No te muevas demasiado.

—Ni tú tampoco.

—Yo tengo todo replegado, pero debo ir a la fábrica hasta que tengamos a los *txakurras* encima.

—¿Y tu sobrina?

—Ella está bien. Con mi *ama*.

—Bueno. Pues espero tu llamada el lunes, *agur*.

—*Laster arte, agur,* Germán.

—Por cierto, ten cuidado. Los *txakurras* van a poner patas arriba todo el entorno de Villoslada. Eso incluye a la gente que curra allí.

—*Bai.*

3
EL CASERÍO

En Oyarzun, el cielo sí caía sobre el tejado dejando un ruido constante y rabioso, intenso, sin poder detenerse ni un poco por el goteo permanente de la lluvia de Norteña. El caserío tenía casi doscientos años, aunque de la primera fachada a esta, encalada y con las maderas pintadas de rojo sangre, habían cambiado las cosas. Aun así, el casón de roble y nogal, de ladrillo y tejas, llevaba en la misma familia desde que se puso la primera piedra. El verde era negro, el cielo no dejaba ni una luz de luna que asomara. Sobre el portón de entrada, un buzón metálico completaba la banda sonora de la noche por fuera. El camino se hacía agua de barro, todo estaba quieto, sereno, hostil. Una contraventana se quejaba sobre el resto; el viento era lento, pero una de las esquinas se llevaba la peor parte. En la primera planta, los cristales empañados dejaban que pasara una luz de mesa. Sobre la cama, una señora mayor le contaba las horas a una niña que no tendría ni once años. La abuela, que así parecía, reposaba un brazo sobre el costado de la pequeña, mientras que le hablaba con la voz más baja sobre esas cosas que se suelen contar a los niños al irse a la cama.

—Pues mira, Ainhoa, Amalur, la madre tierra, no solo fue la que creó todo lo que conoces, como el bosque, las montañas, el mar o la luna. De su vientre salieron también todos los seres que habitamos este mundo.

—Pero ¿cómo va a salir de su vientre todo eso, *amona?*

—Así es, pequeña. Amalur creó todo lo que es bueno.

—¿Y lo que es malo?

—Lo que es malo también convive con nosotros. ¿Te acuerdas de la pequeña flor que tenemos sobre la puerta del caserío?

—Claro, esa flor me encanta.

—Se llama *eguzkilore* y sirve para salvarnos de los seres malignos.

—¿También pueden entrar solo para hacerme tener pesadillas?

—Pues la *eguzkilore* está precisamente para alejar de nosotros a todos los seres malos que puedan venir a intentar hacernos daño. Hay duendes, hay animales monstruosos, hay seres abominables que debemos mantener a raya y, gracias a esa flor, estamos protegidas. Amalur vive en las cuevas y simas de nuestra tierra, en nuestros montes, y dicen que fue en Amboto donde decidió construir su cueva. En la costa, es la causante de las tempestades y galernas que azota la marea. Ella es la fuerza de la tierra y del agua.

—¿Y de los hombres malos quién nos protege, *amona?*

—Para eso, Ainhoa, para eso está tu tío, el Lehoia.

Unos pasos se detuvieron tras la puerta de la habitación de Ainhoa. La abuela calló al instante, dirigiendo su cara hacia la misma, y viendo la inquietud en los ojos de Ainhoa, que seguía también esa dirección hacia la novedad. Llamaron dos veces. Eran las nueve y media de la noche. Debía de ser importante, o distinto o urgente. La puerta se abrió tímidamente, dejando entrever que algo se cocía.

—Ya se ha hecho. Deberíamos salir mañana temprano.

—Muy bien —contestó la señora.

—Salimos al alba.

—¿Adónde nos vamos? —preguntó Ainhoa.

—Vamos con el *osaba* —respondió la señora—. Tiene trabajo, pero quiere que estemos con él.

—Tengo muchas ganas de estar con *osaba*.

La mujer se levantó de la cama y apagó la luz del cuarto. Fuera, el hombre que había entrado la esperaba. Ella se llevó la mano a la boca en señal de silencio, acercándole con las cejas el logro reciente de la niña en su primer sueño. La siguió escaleras abajo hacia la enorme cocina del viejo casón. Allí, una olla resguardaba las alubias del mediodía. Comenzó a recalentarlas después de encender el fuego de carbón y echando más rocas a la lumbre.

—Entonces, ¿ya se ha hecho?

—Sí, esta misma noche.

—Conseguí hablar con…

—Shhh… —sentenció la señora.

—Su hijo quiere que estén las próximas semanas en casa, haciendo vida normal junto a él. Aunque todavía no sabemos las consecuencias que tendrá en la fábrica.

—Bueno. Pues saldremos temprano, entonces. ¿Quieres un plato de alubias?

—*Bai. Eskerrik asko.*

—Bueno, dale, ahora te aviso cuando esté caliente.

—Mejor nos vamos antes de que amanezca. Podemos aprovechar el cambio de turno.

—No tenemos nada que ocultar. Pero me parece bien, sí.

El teléfono sonó impertinente, un ruido metálico se amplificaba debido a la hora y al silencio que respiraba la casona.

—Es para usted, señora.

Se acercó al teléfono de pared y tomó el auricular. Apenas contestaba, asentía, como si la persona del otro lado estuviese mirando. Se entendían, no necesitaban palabras de más. Cuando hubo calentado las alubias, la señora y el joven se sentaron a la mesa de la cocina. Aunque estaba trabajando para ella, no podía dejar de tratarlo como a un chico al que conocía de siempre, como si fuera su propio Zubieta. Lo de la niña era delicado. Todavía más con los tiempos que se aproximaban.

—Pues me parece especialmente peligroso que siga en el trabajo.

—No queda otra.

—Pero ¿no se ha dado cuenta su jefe de que es el primer sitio donde van a mirar?

—Sí, pero precisamente por eso nada tiene que ser distinto ahora. La niña debe volver al colegio, y que su *aita* no llame la atención.

—No lo hará.

A la mañana siguiente, el coche Ford Escort que esperaba en la puerta del casón estaba arrancado antes del alba. Había algo de niebla alrededor de tantos verdes que amanecían empapados de rocío. Un camino salía de la carretera que unía Oyarzun con Rentería. Subía serpenteando un primer monte que estaba plagado de manzanos. A los dos lados, una hilera de castaños de indias ensombrecía aún más la marcha en caso de atravesarlos, ya que desde la parte trasera de la casa partía otra rodada entre el verde que comunicaba la linde con Pasajes. No despertaron a Ainhoa para empezar el viaje; Asier la cogió en brazos hasta acomodarla en la parte trasera del Escort, junto a su abuela. Tampoco ella quiso decirle nada; le gustaba verla dormir y aún tenían por delante una hora y media de trayecto hasta que llegaran a Lecumberri. Allí pasarían el domingo, antes de instalarse en Pamplona definitivamente para continuar el curso escolar. Esos días de noviembre serían los últimos de tranquilidad para la pequeña Ainhoa, que por otro lado estaba deseando volver a sus clases con normalidad.

Llegaron a Lecumberri, el pueblo de la abuela. Como de costumbre, el alcalde instaba a los foráneos a no saturar a visitas el pueblo con la llegada de la Navidad, para que los locales pudieran disfrutar en mayor medida y calidades de su pueblo natal. Zubieta esperaba poteando con su cuadrilla. Había recorrido los bares de siempre, primero la taberna de Aralar y después siguieron hasta el Albi, donde Zubieta tenía mucha amistad con el dueño, compañero de ikastola, de parque y de subidas al mirador de la Peña desde bien jovencitos.

Junto al chacolí se deslizaba una camaradería añeja, ahora que los turistas volvían a sus ciudades y pueblos de origen. También faltaban los hijos de los que emigraron a las fábricas e industrias que rodeaban Pamplona, muchos de Castilla la Vieja, otros de Extremadura o la Mancha. El pueblo y el bar, en estas fechas próximas a diciembre, reunían a los que no tenían un mejor sitio a donde ir.

El Ford Escort aparcó en la puerta del Albi, pues el conductor sabía bien dónde debía recoger a Zubieta. Cuando llegaron, Ainhoa se bajó corriendo. Llevaba dos semanas sin ver a su tío, que casi era un padre. Se abrazaron mientras su *amona* se aproximaba también a ellos.

—Hola, *ama*.

—Zubieta.

—¿Algún problema por el camino?

—Sabes que no. En buenas manos estábamos con Asier.

Zubieta miró entonces a su colaborador. Asier llevaba tiempo trabajando con él. Le había fichado en la *herriko taberna* del pueblo, la *lekunberri taberna,* que decían. La barra de madera y los postes que sostenían el techo eran de roble viejo. Algunos botes para recaudar ayuda para presos y para cubrir los viajes de los familiares ocupaban la zona central. Una vitrina con pintos y dos tiradores de cerveza, un futbolín pintado del Osasuna contra el Atlethic, un billar y una máquina de marcianos junto a los baños del fondo, cuya puerta de madera estaba destrozada de pintadas y pegatinas superpuestas unas con otras. Algunos carteles de un bolo de Eskorbuto, otros de asociaciones afines a la izquierda *abertzale;* pintadas rajas con llave, bolis y fechas de parejas que harían de todo por allí. También había pósteres y fotos de algunos presos de Lecumberri.

Fue el mismo Zubieta el que le ofreció un día a Asier colaborar con el seguimiento a un hostelero de Pamplona. Solo le pidió que le dijera sus horarios habituales, cuándo abría el bar, cuándo chapaba. Si utilizaba el mismo camino para ir y volver, si poteaba en algún otro sitio del pueblo. Sucedió dos años atrás, cuando comenzaron las obras de la autopista que uniría Pamplona con Guipúzcoa.

Resultó que el hostelero servía a menudo a los guardias civiles destinados en el puesto del pueblo. Un detalle que apreciaron en el Comando Nafarroa, que una tarde se desplazó a Lecumberri para atacar la casa cuartel con granadas. El ataque fue rápido y preciso. Dos miembros del comando lanzaron en intervalos de diez minutos seis granadas: tres *jotake* y tres del tipo *Heap,* dejando heridos a los dos guardias que custodiaban la puerta del cuartel. Otra de las granadas impactó de lleno con uno de los Nissan Patrol blindados que había en el aparcamiento. Un perro pastor alemán llamado Irrintzi, especializado en la localización de objetivos, murió tras la explosión de una bomba trampa que los terroristas habían dejado preparada en el punto desde donde lanzaron las seis granadas, a unos doscientos cincuenta metros de la casa cuartel. Ocurrió a las seis de la madrugada.

Lo que ETA no sabía con certeza era si el dueño del bar colaboraba con la Guardia Civil o si directamente les pasaba información. Por eso Asier estuvo siguiéndole las semanas siguientes al atentado contra la casa cuartel. Fue Zubieta quien decidió darle el pase después de consultar con su enlace en la cúpula.

A la mañana siguiente, Asier confirmó a Zubieta que el bar abría temprano en domingo. Es curioso, pero siempre que ETA asesinaba lo hacía en días lluviosos, grises de cielo y de forma, o cuando todo se volvía de ese color tan intruso que no dejaba a la vida seguir siendo.

Entraron cuando sabían que no habría visitas inesperadas. En ese sentido, los domingos eran los días perfectos para lograr sus objetivos. El dueño estaba de espaldas a la puerta, terminando de calibrar la máquina de café y con un solo cliente que aguardaba en su mesa a que le atendiera. Una persona encapuchada entró muy rápido y disparó tres veces al propietario, que cayó inerte antes de tocar el suelo. El cliente ni levantó la mirada de su mesa cuando escuchó las detonaciones. Se marchó del bar antes de que llegara el aviso a la casa cuartel. Desde entonces, Asier era algo más que el hombre de confianza de Zubieta, era su protegido y valedor en la banda ante los jefes de ETA en Francia. Por eso, todo lo relacionado con la seguridad de su propia familia se lo encargaba siempre a él.

—¿Comemos donde Andoni, *ama?*

—Bien.

—Después salimos hacia Pamplona, que mañana tenemos lío en la fábrica.

—¿Te vas a pedir un flan, Ainhoa?

—Sí, tío. Tenía muchas ganas de venir contigo de una vez.

—Yo también, Ainhoa.

Algunos clientes sentían cierta reverencia por Zubieta. Cuando se cruzaban con él y con su familia, le mostraban respeto asintiendo con la barbilla o tratando de pagarle una ronda de chacolí. Estaban en casa, y Zubieta era uno de ellos; todos lo sabían, al menos los que paraban donde Andoni. De todos modos, nadie se jugaría la vida o la de su familia delatando a un tipo como Zubieta. Obviamente, no era una persona que no llamara la atención, sino todo lo contrario. Era corpulento, más de un metro ochenta, pelo alborotado, con una mandíbula angulosa y fuerte, unas manos grandes y rudas, los brazos como troncos y fama de chisme de taberna de pertenecer a ETA. Nadie iba con un logotipo ni un cartel diciendo «hola, soy de ETA», sino que se sabía porque la gente en los pueblos pequeños siempre sabe de todo. Quizá de más, pero sin duda alguna era un lugar seguro, donde cualquier foráneo podía resultar un policía o un guardia civil. Por eso todo llamaba la atención a la primera que algo desentonara demasiado con lo previsible. Lo habitual era lo que había; cualquier otra cosa sería una trampa, un riesgo, algo que no debía ser.

Se sentaron dentro, pidieron alubias y sopa, cogote de merluza y pimientos; también el flan de Ainhoa y un poco de vino. De vez en cuando entraban algunos locales al comedor. Saludaban de lejos y bajaban la vista al ver a los tres comiendo en esa esquina.

Los bares y restaurantes siempre han sido lugares de encuentro, ya sea en Lecumberri, Chamberí o Cimadevilla. Lo más habitual era que el bar de Andoni se llenara de asiduos que no solo compartían el gusto por un sitio concreto, sino que las ideas o costumbres se afianzaban en la barra o sobre el mantel de cualquier mesa. Eran pocos los turistas que paraban donde Andoni, si acaso algún despistado o gente que necesitara algo, como llamar por teléfono. Por eso se sentía seguro Lehoia. Allí nadie molestaría y cualquier persona que llamara la atención podía ser, en estos tiempos, un *txakurra*, un infiltrado o alguien a quien quitarse de en medio. El comedor tenía las piedras vistas en la pared, los manteles de cuadros, y en las mesas se dejaba una botella de vino con gaseosa por si gustaba mezclar. En ese lugar se reunían en fiestas, celebraban las fechas importantes y Andoni era como uno más de la familia, como siempre pasa con el que te agrada en los momentos importantes de una vida.

A Zubieta le unía una amistad especial con Andoni, pues los dos eran aficionados a la montaña. Solían subirse al Amboto, donde la mitología se mezclaba con la escarcha. También les gustaba el Gorbea, que delimitaba la frontera entre Álava y Vizcaya, que coronaban hasta alcanzar la enorme cruz que presidía la montaña. La cruz tenía un aspecto parecido al de la Torre Eiffel, al menos en lo que a su estructura se refiere. Su altura era increíble, de diecisiete metros, aunque en el proyecto original llegó a medir el doble; tanta altura no soportaba lo visceral que soplaba el invierno en sus vientos. Lo que siempre contaba Zubieta a Andoni, mientras se pegaban a la cresta de la cumbre, era la dificultad a la que se sometieron los bueyes y las mulas que lograron subir tamaña torre hasta tan arriba.

Allí hablaban de la *borroka,* de todo lo que supuso ingre-
sar en el entorno de la banda, de la que Andoni, aunque
colaboraba, nunca quiso ser una parte activa. Entre otras
cosas porque el bar se lo había dejado su padre y, cuando
uno de joven se ocupa de algo que le da de comer, no se tiene tiempo para mítines, grupos, charlas o instrucciones de
la historia de un pueblo vasco que los dos sentían hasta las
entrañas. Eso no quitaba que la *herriko taberna* fuera el centro
neurálgico de la izquierda *abertzale* en Lecumberri, pero
también porque la mayoría de los que la integraban fueron
compañeros de ikastola o de plaza desde la niñez, de ver a
los pelotaris, de sus primeras cogorzas con calimocho, de sus
imberbes recuerdos que siempre afloraban cuando estaban a
solas en el Gorbea o el Amboto, y que afianzaban cada vez
que uno de los dos tenía algo que contarle al otro. Además,
se sufre, se suda y cuesta, y cuando dos personas se juntan en
algo que requiere esfuerzo, miedo, resbalones o que te hace
madrugar, se estrechan lazos que se unen como hilos de
seda que perduran para siempre.

4

LA VIDA SIGUE IGUAL

Dos meses antes, Henri Parot y Jacques Esnal habían mantenido con la dirección de ETA una reunión en Francia. Su objetivo llevaba varios de los casos de sus militantes, solicitando siempre penas muy duras y queriendo incluso ampliar el plazo máximo.

—Fue ella la que estuvo en París en el interrogatorio de Josu —dijo Paco al terminar las explicaciones.

Al día siguiente, ya estaban camino de Madrid.

Salieron temprano y entraron en España por Irún, porque la huida, en caso de dar con el objetivo, sería por Cataluña desde Zaragoza. Usaron el coche de Jacques, al que cambiaron las matrículas nada más cruzar la frontera, en el aparcamiento de una estación de servicio. Llevaban dos pistolas en el zulo que Jacques tenía habilitado en su coche y la documentación falsa que les convertía en dos ciudadanos de París.

En la madrileña calle del Marqués de la Ensenada estaba la cafetería Riofrío. Destacaba por su sándwich mixto y porque tenía dos pisos, una enorme barra cuadrada en medio del salón y la vista privilegiada que miraba desde la plaza de la Villa de París hasta la de Colón. El local, en los bajos del edificio donde se albergaba también el Club Financiero Génova, sirvió algunos años como sede de la desaparecida

Rumasa, junto a las dos torres gemelas que se coronaban con el enchufe, obra del arquitecto Antonio Lamela. Era una zona franca, llena de peatones, de cafés de idas y venidas, juzgados, gimnasio del club, y una calle que aceptaba los coches en segunda fila. Allí se encontraban los dos hombres que esperaban confirmar y recoger información de la fiscal Carmen Tagle. Aguardaban dentro del Renault 11 rojo con placas falsas que habían traído desde Francia. Les gustaba viajar en su coche personal. Solo le cambiaban la matrícula cuando rodaban en territorio español.

Durante el seguimiento, en un par de ocasiones los dos vieron cómo el coche de Tagle se introducía en un *parking* bajo la plaza de la Villa de París, que debía comunicar directamente con los juzgados para evitar la calle. Esperaron allí durante algunas horas.

Después, al verla salir, la siguieron bajando la calle hasta la plaza de Colón, donde su vehículo giró a la izquierda en dirección norte por la Castellana. Durante algunos minutos, el Renault 11 imitaba cada movimiento del coche de la fiscal, dejando una distancia prudencial, mientras el copiloto anotaba los nombres de las calles que atravesaban. Así estuvieron dos días más: esperando la hora de llegada, confirmando la de salida, siempre apostados frente a Riofrío, a donde no entraron ni a pedir un vaso de agua para no levantar sospecha alguna. Cuando pasaban más de dos horas en la misma plaza, cambiaban el coche de sitio y obligaban en más de una ocasión a bajarse al copiloto para vigilar la salida del aparcamiento de la Audiencia Nacional.

Buscaron en la guía telefónica la dirección del objetivo. Contra todo pronóstico, la dirección de Carmen Tagle venía perfectamente indicada en la guía que encontraron bajo la cabina de teléfonos que estaba en la acera de la calle de Génova. Ese día no la vieron salir. Ella tenía un Renault 12 de color blanco. Con los últimos datos recopilados, decidieron volver a Francia para ultimar los detalles con Paco. Esta vez sería esencial contar con un coche robado en la capital para cometer la acción: viajarían en el coche personal de Jacques y después utilizarían el que Paco hubiera dispuesto.

Quedaron en recoger el coche en la estación de Chamartín y, como en otras ocasiones, se hospedarían en un hotel cercano a la calle de Félix Boix y a la propia estación. Llevaban tiempo yendo a Madrid, ya conocían bien algunas zonas, pero, sobre todo, controlaban las salidas hacia las autopistas.

En la Audiencia Nacional, la mañana llevaba su curso habitual. Además de las vistas que se celebraban, el trabajo en los despachos consistía, sobre todo, en ir sacando adelante carpetas de procedimientos que se celebrarían posteriormente. Había policías revisando algunas de las ventanas que daban a la calle de Génova o al callejón de la plaza de la Villa de París. Ante las crecientes amenazas terroristas, se habían planteado colocar cristales blindados, pero por razones de presupuesto y de agilidad finalmente se optó por instalar unos vinilos más oscuros sobre los cristales para que no se pudiera ver el interior desde la calle. Las medidas de seguridad eran ridículas, un tiempo raro que se mezclaba con la creciente amenaza de atentado a las distintas instituciones.

—Carmen, buenos días.

Había entrado sin llamar. Era su costumbre si la puerta estaba abierta. Al no encontrarla, Baltasar utilizó el teléfono que había sobre la mesa del despacho de su amiga. Marcó el número uno a uno con la rueda que debía llegar hasta la derecha del todo antes de marcar el siguiente. El aparato, aperlado y con el cable rizado en un tono más gris, no le dio ninguna respuesta desde el otro lado. Esperó los seis tonos antes de colgarlo sobre la base. Un secretario judicial pasó y observó al juez terminando la escena.

—Buenos días, don Baltasar. La señora Tagle ha salido hace un rato.

—Ah, muy bien. ¿Sabe a qué hora tiene previsto volver?

—Creo que después comerá en su casa. Tenía que llevar a su sobrino a la escuela de apoyo, pero tiene mucho pendiente y me dijo que volvería después de acompañar al crío.

—Muy bien, déjele un recado por si no logro hablar con ella antes, por favor.

—Muy bien, don Baltasar.

—Muchas gracias.

Madrid tenía la prisa agotada de septiembre. Hay zonas, como la Vaguada, La Paz, Mirasierra, ese norte de la ciudad que se levanta entre colmenas de personas, una tras otra, que cruzan la M-30 como un río vertebral que separa lo que entra de lo que sale de la urbe, que siempre muestra sus árboles de Navidad en las terrazas, ventanas, lo más alto del suelo que se hizo en Madrid para vivir hasta ahora.

Carmen se subió al coche a eso de las dos y media. Debía llevar a su sobrino a terapia, pero después de revisar papeleos terminó retrasada y se vio obligada a cancelar sus planes familiares. Llamó a su hermano para lamentar su falta, pero a finales de semana se verían, o en eso quedaron.

Arrancó y salió del garaje de la Audiencia directa a la calle de Génova para bajar hasta Colón y apuntar al norte.

Vivía en Mirasierra, lugar que dicen tiene unas vistas privile-
giadas a la cordillera madrileña. En el radiocasete, Julio
Iglesias, *La vida sigue igual,* que a ella le pirraba tanto que
la escuchaba en bucle. La cinta, que solo conseguía darse la
vuelta y hacerte caso si presionabas seguido el botón de
forward, se escuchaba a todo trapo cuando comenzó a subir
por la Castellana. Los carriles permitían que sobrara espacio
entre los coches, los edificios ordenaban un paseo perfecto
que llegaba al Bernabéu, a la zona de *yupis* y trabajos bien
pagados, de abogados y togas, de mesones, de bares de copas
con géneros y su Costa Fleming (como dijo Del Pozo), ese
Madrid norte que siempre tiene más frío que el del sur, por
mucho más dinero que también tenga. El hospital de La Paz
se agrandaba por su izquierda, junto a la ciudad deportiva del
Real Madrid, su viejo caserón. Prácticamente dejaba atrás
todo lo que era ciudad vieja y llegaba a esa torre de centro de
control que suponía el castillo del hospital público. Cantaba
en bucle su canción y el aire que entraba por la ventanilla
abierta le regalaba un fresco al calor cojo de septiembre.

Sonaba la canción de Julio Iglesias...

Giró por la calle de Julio Palacios. Al llegar a la altura
del número 17, Carmen detuvo el coche en la puerta del
aparcamiento. Sacó la llave gris rectangular que debía intro-
ducir en el cajetín. Bajó del todo la ventanilla y alargó el
brazo para meterla en la clavija.

Fue en ese momento cuando una figura ensombreció la
luz. Era una silueta que apenas vio venir, pero que se paró
justo al lado de la puerta de Carmen. No le dio tiempo a
girarse, comprobar quién era o qué sucedía. Se escucharon
tres disparos que levantaron a todo el barrio de la siesta leve.
El hombre abrió la puerta del coche de Carmen y, mientras

su cuerpo caía para posarse en el suelo, disparó una cuarta vez en su cabeza, dejando el Renault 12 y el suelo de la entrada del garaje llenos de sangre. Justo en ese instante sonaba el estribillo de Julio Iglesias, «la vida sigue igual...», mientras el derrape de un segundo coche completaba la escena. El asesino se subió en el asiento del copiloto y desaparecieron en el momento en que el portero de la finca de Julio Palacios 17 salía del portal alertado por las detonaciones.

No se trataba de fallas ni de cohetes. Habían sido cuatro disparos de una pistola que acababan de matar a Carmen Tagle en la puerta de su garaje. Y la canción se repetía en bucle, y los primeros gritos de pánico se sumaron al compás. El portero trató de reanimarla, pero la mujer tenía la cabeza reventada. Era imposible que hubiera sobrevivido. Habían asesinado a la fiscal adscrita al juzgado número 5 de la Audiencia Nacional. La vida, a diferencia de la canción, nunca sería igual.

★ ★ ★

El Renault Clío negro salió zumbando de la colonia de casas de Julio Palacios en dirección a la estación de Chamartín. Nada más llegar, cambiaron el coche por el de Jacques y lo abandonaron en la calle de Mateo Inurria. Decidieron esperar hasta las siete y media de la tarde para aprovechar que las salidas de las oficinas y de los que cambian de barrio en la ciudad colapsaran de coches las carreteras y se tuvieran que levantar los controles de seguridad que hubieran montado para atraparles.

Guardaron las pistolas en el zulo preparado en el asiento del conductor, justo al lado del volante, donde podían desatascar una tapa del salpicadero. El cañón de la Browning todavía estaba caliente. Jacques volvió a cerrar el hueco tras coger la documentación real de los dos y salieron rumbo a Burgos por la Nacional-I, mezclándose el coche con los que abandonaban Madrid hacia la sierra. A pesar de ser martes, la gente todavía apuraba las tardes del final del verano para poder trabajar menos. Algunos afortunados que tenían una segunda residencia a pocos kilómetros de la capital se mezclaban con los que terminaban sus compromisos en la ciudad. La hora punta que siempre huye hacia el norte. Porque Madrid es verano de abril a octubre, como también es invierno el resto del año.

Pararon a cambiar las placas del Renault 11 junto al Jarama, en una gasolinera frente al circuito de velocidad. Mientras Henri destornillaba agachado, Jacques vigilaba la parte trasera de la estación de servicio. Tenía la mano metida en el bolsillo y sujetaba la Browning de 9 milímetros. Cualquier detalle que fuera impropio de la cotidianidad conllevaría el necesario uso de la fuerza. Eran dos corsarios tremendamente preparados, dos sicarios del más alto nivel. Además, tenían nacionalidad francesa, por lo que los Cuerpos y Fuerzas de Seguridad del Estado apenas los miraban como sospechosos ante un atentado.

Hasta ahora, la banda terrorista venía estando formada por vascos e hijos de inmigrantes que llenaron Norteña durante el siglo xx. De hecho, un cambio fundamental durante esos años fue que los integrantes de los comandos eran cada vez más jóvenes y menos preparados. Este no era el caso de Jacques y Henri, quienes componían un comando itinerante junto con cuatro ciudadanos franceses liberados de toda sospecha.

Pese a la seguridad que les otorgaba su procedencia, Jacques no dudaría en utilizar la pipa. Cuando cambiaron las matrículas volvieron a arrancar el coche sin pasar por la tienda de la gasolinera. Se habían situado en un punto donde no tenían acceso ni las cámaras de la autopista ni las de la sopera, así que no dejaron rastro. Jacques dobló las matrículas falsas y las tiró en un campo de rastrojos que lindaba con la valla de esa zona. Antes había utilizado un líquido correoso que dificultaba la lectura de la numeración. Se subió de copiloto y dejó a Henri que condujera.

Debían alejarse lo máximo posible de la ciudad. Algunos controles de seguridad podrían pararles. Se crearían embudos en las cercanías de Mirasierra, por lo que los primeros minutos eran vitales para alejarse lo más posible, aunque sin llamar la atención. Apenas comentaban nada. Los dos hombres permanecían en silencio mientras los kilómetros continuaban pasando. Llegaron a Somosierra al atardecer. La tranquilidad los esperaba al otro lado del túnel, donde Madrid lindaba con Segovia y brindaba una suerte de distancia que les alejaba de toda sospecha. Entre ellos siempre hablaban en francés.

—¿Usaste la Browning?

—No, la Sig Sauer.

—Una vez lleguemos a Francia, debemos reunirnos de inmediato con Paco.

—¿Hay algo más?

—Quiere meter más caña a todo.

—No debemos descuidarnos.

—Eso quería decirle, pero veremos por dónde nos sale.

—Lo del coronel ya fue muy arriesgado.

Ese mismo verano, el 19 de julio, la pareja de terroristas estuvo en Madrid buscando al coronel José María Martín. El día de la *ekintza,* como ellos decían, se dedicaron a dar paseos en el coche por el barrio de Salamanca y por las inmediaciones del Cuartel General del Ejército, hasta que localizaron el vehículo oficial del militar. Le siguieron algunos metros por detrás, siempre dejando a uno o dos coches entre medias para no levantar sospechas en el chófer del coronel. Cuando estimaron oportuno, en un lugar en las inmediaciones de Menéndez Pelayo, frente al parque del Retiro, hicieron una maniobra que cortó la marcha del coche oficial. Se bajaron los dos, Henri portando una Sig Sauer de 9 milímetros parabellum y Jacques un fusil Kalachnikov, y acribillaron el coche. Asesinaron al comandante Ignacio Baraguas y al coronel José María Martín-Posadillo, y el chófer, el cabo Fernando Vilches, resultó gravemente herido.

En un principio era Txomin Iturbe quien decidía qué *ekintzas* debían cometer, pero, desde la llegada de Paco a la cúpula de la organización, en muchas ocasiones ni siquiera se les señalaba el objetivo: simplemente, debían localizar este tipo de coches oficiales y acribillarlos a tiros. Por eso Henri y Jacques temían que Paco quisiera que emprendieran una escalada de acciones en Madrid. Eso supondría más riesgo y, sobre todo, menos efectividad. Lo contrario de lo que ellos representaban.

★ ★ ★

El coche puso rumbo a Zaragoza. No querían seguir una ruta recta hasta Francia atravesando la península. Desde el campo maño se dirigirían a Cataluña para entrar en Francia cerca de Perpiñán. Allí se encontrarían con Paco algunos días después. Ese rodeo del noreste les gustaba más que subir de Burgos a San Sebastián. Aunque fuera más largo el camino, era también más seguro.

Cuando sonó el teléfono de su despacho, el juez Garzón apenas pudo contestar. Le contaron lo sucedido y soltó el aparato sobre la mesa, dejándolo caer en un espacio muteado por la pena. ETA no solo había matado a una fiscal, sino también a una amiga, una confidente, una de esas personas con las que pasas mucho tiempo aprendiendo a quererlas y respetarlas.

La Policía Nacional y la Guardia Civil peinaron la zona durante días. Sabían que el Comando Madrid estaba operativo de nuevo, pese a su desarticulación dos años antes. Los militares, ahora la fiscal Tagle... Todo indicaba que el poder operativo del Comando Madrid estaba de nuevo en pleno funcionamiento.

También se enteraron por radio Deva y el capitán González, quien tuvo que personarse en Madrid para tratar de aportar alguna novedad al caso y a la nueva situación operativa del comando. Esto preocupaba especialmente al capitán, puesto que no tenía demasiados indicios de que el grupo se hubiera reorganizado con tanta eficiencia. Deva recopilaba los últimos atentados que habían tenido lugar en la capital con el fin de encontrar un patrón. Estaba trabajando en la elaboración de un informe cuando recibió un aviso en la central:

—Deva, la operación Araba se activa. Debes presentarte lo antes posible en Inchaurrondo.

—Muy bien, mi capitán.

—Ya volveremos después con Madrid. Tenemos una información de primer nivel. Un *mugalari* se pondrá en marcha estos días.

—A sus órdenes, mi capitán. Mañana estaré a primera hora en Inchaurrondo.

5
DESARTICULACIÓN DEL COMANDO ARABA

Los Servicios de Información habían obtenido una pista sobre un camión que participó en alguna de las acciones del recién desarticulado Comando Éibar. Este era un fleco que había quedado suelto de la operación anterior y que debían seguir para tirar del hilo de otros comandos o de la estructura de la banda. Los llamaban *mugalaris,* vehículos de gran tonelaje que entraban en Francia y España con frecuencia y que, en ocasiones, servían de transporte para miembros ilegales de algún comando.

Deva tenía órdenes de seguir al camión esa mañana, así que desde temprano ella y su compañero se apostaron cerca del *mugalari* para comenzar el seguimiento. Cuando por fin apareció el conductor, salieron de Pasajes y observaron que hacía una ruta ciertamente extraña. Circularon hacia el alto de Barazar por la Nacional-I cuando el camión se detuvo en una estación de servicio, donde enganchó un remolque que no llevaba hasta entonces. Resultó todavía más extraño que el conductor no entrara en el bar de la gasolinera ni que tampoco se bajara de la cabina. Entonces, el mando que estaba de jefe del operativo, desde su posición a unos kilómetros de la estación, ordenó a Deva y a su compañero que se dirigieran a la cafetería por si encontraban algo que les resultara sospechoso. Quizá se trataba de una cita; no sabían bien qué se podrían encontrar. También era muy extraño que el camión de transporte circulara en sábado, un día en el que normalmente los camioneros descansan.

Era la primera misión de campo real para Deva, pues se acababa de incorporar a Información el mes de agosto anterior. Volvió a recordar el respeto que le imponían este tipo de misiones, muy diferentes a las de unir piezas en el cuartel para tratar de averiguar algo. El compañero de Deva, Ramón, también muy joven, permanecía callado y obedeciendo el talante natural de Deva, que a pesar de su aspecto y juventud mostraba una fortaleza precoz. Mientras caminaba hacia el bar de la estación de servicio, Deva recordaba las fotos de los sospechosos que había repasado ya tantas veces desde que le ordenaron presentarse en Inchaurrondo. Se acercaron a la pequeña puerta del bar. Su interior era bastante pequeño y lúgubre, silencioso y con las prisas propias de los que no tenían más remedio que parar.

Nada más entrar, Deva se fijó en la parte derecha de la barra y reconoció al instante a uno de los principales objetivos. Se trataba de Paterra, Juan Carlos Arruti Azpitarte, que la miraba de frente, porque los terroristas siempre se colocaban frente a la entrada de los bares para controlar al nuevo que llegara. El nombre en clave de Paterra era Azulón, por los ojos azules y grandes que tenía el tipo.

Ella dudó en un primer instante si la habría reconocido, pero entre que iban de paisano y que Paterra pudo creerse que se la ligaba, se convenció para no dudar ni un momento y se dirigió con su compañero a una de las mesitas que estaban a la derecha de la barra, al fondo del bar.

—Son ellos, Ramón. Son el Comando Araba. Ese de ahí es Azulón.

—Pero ¿estás segura que se trata de él?

—Te estoy diciendo que sí. Son ellos, Ramón. No podemos desaprovechar esta oportunidad. Debo comunicárselo al capitán.

—¿Y desde dónde piensas hacerlo?

—Por ahí se baja al baño. Tengo que decírselo, Ramón.

Paterra observaba de vez en cuando la mesa con sus nuevos inquilinos. Se extrañó un poco al ver que la chica joven se levantaba, pero comprobó que bajaba las escaleras hacia los baños. Deva, sin embargo, no bajó la guardia por si la seguía o utilizaba el baño de caballeros para espiarla. Tenía el instinto animal más despierto que nunca y sacó la radio mientras reducía al mínimo el volumen del aparato.

—Mi capitán, es Azulón. Está aquí en la barra.

—¿Estás segura, Deva?

—Señor, estoy segurísima de que es él. A los otros no los identifico del todo; son más mayores. Pero de los cuatro que hay, uno es Azulón.

—Bueno, por favor, tened muchísimo cuidado y que no os descubran. Salid de ahí en cuanto podáis.

Al subir las escaleras, Deva se acercó a la barra. Su compañero había pedido una consumición y Deva se notó observada por el Comando Araba, que estaba a muy pocos metros de ella. Cuando el camarero le preguntó, pidió una bolsa de gusanos de espuma de maíz, de esos que se pegan a la boca enseguida. Paterra estuvo pendiente, pero no le pareció extraño que esa chica joven, casi una niña grande, quisiera una bolsa de gusanitos mientras pedía una pajita para la lata de Coca-Cola.

—¿Y esos qué?

—¿Esos?

—¿No se tratará de guardias civiles? Ya es raro que paren aquí.

—Pero si no hay guardias civiles mujeres —contestó Paterra a uno de sus acompañantes.

—Ya, pero puede ser policía. Ahí sí que juegan las tías.

—Pero ¿cómo va a ser policía? ¿No ves que es una niña? Si hasta se ha pedido gusanitos —reiteró.

Deva llegó hasta su compañero y salieron del bar. El capitán les había ordenado volver al coche y esperar lejos del establecimiento. Si alguno de los miembros del comando volvía a toparse con ellos, les habrían dado el pase. Comprobaron que el conductor no había abandonado la cabina y, por otro lado, no dejaban de mirar hacia la puerta del bar por si los miembros del Comando Araba lo abandonaban. Estaban impacientes, los minutos parecían estirarse hasta las horas, y Deva, nerviosa y un poco imprudente, volvió a preguntar al capitán si entraba en el local para ver qué pasaba.

—Ni se te ocurra. En ese bar no entráis otra vez ni de broma. ¡Quietos donde estáis! —contestó subiendo el tono—. Mira, Deva, no sabemos si han subido o no al camión, pero si algún miembro del comando os vuelve a ver ahí, no te quepa duda de que abrirán fuego contra vosotros. Voy a informar al coronel.

Decidieron alejarse todavía más de la zona. El capitán les había advertido de que el conductor del camión podría estar vigilándoles, así que hicieron como que se iban y se detuvieron a la salida de la gasolinera, observando la escena con prismáticos en un punto muerto desde el que no veían con certeza la puerta del bar del hostal restaurante Barazar, como rezaba en un cartel sobre ella.

De pronto vieron que el camión se ponía en marcha. Les llamó la atención que el conductor permaneciera dentro de la cabina y que, al salir, lo hiciera de lado, tratando de ocultar la trasera del vehículo de la vista desde la carretera. El capitán ordenó que otro equipo siguiera al camión.

—Damos aviso a la Unidad Especial de Intervención por si hubiera que actuar —ordenó el capitán por la radio.

—Muy bien, señor.

—No los pierdas, pero no te pegues a ellos —dijo a Deva.

—Van hacia la frontera.

—Comunícalo.

A los pocos kilómetros de salir en dirección a Irún, el camión se detuvo en otra vía de servicio. Deva y su compañero siguieron su marcha y el segundo equipo se mantuvo a una distancia prudencial que les permitía seguir vigilando sin ser vistos. Observaron que otro individuo se acercaba a la cabina y accedía al interior. Cuando el camión salió de nuevo a la carretera, otra pareja de guardias civiles abordó el coche que había dejado el tipo en la vía de servicio.

Mientras avanzaban camino de Francia, Deva observó que algunos coches de la Guardia Civil se habían desplazado desde Inchaurrondo. Estaban apostados en distintos puntos y salidas de la nacional. En el peaje de Irún, a unos dos o tres kilómetros, los coches ralentizaban su paso a medida que se acercaban a la frontera. Algunos compañeros habían llevado a cabo alguna que otra acción para formar un poco de atasco que facilitara la operación de la Unidad Especial de Intervención (UEI), pero el camión no se detuvo hasta que alcanzó literalmente el primer puesto fronterizo que le tocó, a la derecha de la carretera, donde paraban los camiones y vehículos de alto tonelaje. Se oyó por radio que el coronel ordenaba al GAR que realizara un control. Se trataba de atascar la carretera el máximo tiempo posible y que los coches de civiles no coincidieran con el camión en el paso. Era importante que no hubiera coches mientras lo registraban.

Dos guardias civiles se encontraban en el peaje de Irún. Otros dos, un poco más alejados, a tres metros de la cabina del camión. Todos eran miembros de la Unidad Especial de Intervención. Le pidieron al conductor la documentación y, mientras la comprobaban, uno de los agentes preguntó qué mercancía llevaba en el remolque y a dónde se dirigía. Le respondió que transportaba madera.

—¿Y no es un poco raro que trabaje usted en sábado? —le preguntó el guardia—. Abra el remolque, por favor —le ordenó.

—Solo llevo madera, señor agente.

—Venga, bájese y abra.

En ese momento, los otros miembros de la unidad rodeaban el camión. El conductor se bajó de la cabina observando cómo miraban los lobos a su presa. Todos ellos tenían los dedos en el gatillo y los subfusiles sujetos con las dos manos en posición de alerta. Abrió la puerta trasera. Uno de los guardias le preguntó qué había tras la lona. Algo pasaba, porque desde fuera el camión parecía más largo y esa lona impedía ver lo que escondía al fondo.

—Nada. Ahí tengo más maderas.

—Pues, mire, vamos a bajar una a una todas las maderas para poder comprobar el remolque entero. Cabo, procedan a descargar el camión, por favor —ordenó.

Fue entonces cuando los terroristas abrieron fuego. Primero lanzaron una granada desde el fondo del remolque. Se inició una batalla campal, estruendos y detonaciones que enseguida se mezclaron con disparos de metralleta y pistola, de una forma compulsiva y caótica. No era un tiroteo, era un frente de guerra en toda su dimensión. Los miembros de la unidad se parapetaron en sus defensas y respondieron al ataque. Eran mucho más precisos y llenaron de plomo el fondo del remolque desde el que disparaban los miembros del Comando Araba.

Deva y su compañero observaban la escena pistola en mano a decenas de metros de distancia. Se sorprendió y se sintió protegida cuando dos coches de la Guardia Civil se pararon junto al suyo. No salía de su asombro al identificar al teniente coronel Galindo, que se había desplazado personalmente desde Inchaurrondo junto al resto de efectivos, que no dejarían que el temido Comando Araba de ETA se escapara. El teniente coronel permaneció de pie, mientras algunos proyectiles impactaban en su coche y en los vehículos aledaños a su posición. Miró a Deva de reojo asintiendo con la cabeza mientras no dejaban de sonar impactos y detonaciones.

También Galindo había tomado la decisión de ir a por ellos porque así se acababa con dos de sus mitos, Manu y Txiribita, cuyas fotos impresas colocaban en sus carpetas los jóvenes del entorno *abertzale*. Era un doble golpe, y de suma importancia para la Guardia Civil.

La gente comenzó a salir de los coches; no se creían lo que estaba pasando y algunos temerarios curiosos trataban de asomarse para ver la película a la que asistían en directo. Mientras, Deva y Ramón repetían con gestos que volvieran a entrar en sus vehículos. El capitán González se aproximó hasta la posición de Deva para poder repeler con ella el fuego enemigo.

Un miembro de la unidad saltó encima del remolque. Como pudo fue arrastrándose entre los proyectiles hasta que alcanzó la parte donde se escondían los pistoleros. Introdujo una granada de detonación que permitió a sus compañeros abatir a dos de los miembros del comando mientras Paterra levantaba las manos en señal de rendición. También lo hizo otro miembro «legal» del comando. Los otros dos fallecieron en el enfrentamiento con la Unidad Especial de Intervención, después de convertir la frontera con Francia, el puesto de Irún en concreto, en una encarnizada *borroka* con más de mil quinientos proyectiles disparados, quince granadas y el pánico de doscientos conductores que quedará para siempre grabado a fuego y pólvora en sus cabezas.

Manu y Txiribita yacían en el suelo del peaje. El jefe de equipo de la Unidad Especial de Intervención resultó herido en la cabeza por una esquirla de granada. Los demás, testigos, guardias y colaboradores de la banda armada, salieron ilesos de tamaño enfrentamiento.

—Mi teniente coronel, ¿los llevamos a Inchaurrondo?

—De inmediato —contestó Galindo—. Pero, González, antes de llevárselo a Madrid, quiero averiguar todo lo que tenga que contarnos este Paterra. Dele la enhorabuena a la chica nueva, hágame el favor.

—Mi teniente coronel.

Deva asintió desde la puerta de su coche cuando la miró el capitán.

El Comando Araba había sido desarticulado y Paterra iba a resultar una fuente de información enorme. Una vez detenidos, los terroristas solían cantar como si no hubiera un mañana. Era una cualidad común de los pistoleros de la banda terrorista.

6
SERVICIOS DE INFORMACIÓN

Deva repasaba los datos de los que disponían sobre la empresa de Adolfo Villoslada, la fábrica de Añuri, con sede en Pamplona. Prácticamente todo apuntaba al reformado Comando Nafarroa, pero aún tenían algunas dudas respecto a los colaboradores que hubieran podido soplar la información sobre horarios y costumbres de Villoslada. Ella estaba casi segura de que se trataba de un trabajador de la fábrica, pero había más de quinientos tíos que fichaban a diario en la central, por lo que el trabajo no solo era complejo, sino de una enorme magnitud.

El Comando Nafarroa consiguió reactivarse en 1988, cuando los Servicios de Información reunieron algunas evidencias sobre la procedencia francesa de algunos miembros liberados de la banda. Deva repasaba las acciones cometidas desde ese año, porque las informaciones que tenían del paradero de Villoslada lo vinculaban irremediablemente al comando navarro. En concreto, analizaba de nuevo el dosier del atentado con coche bomba que había explotado el 21 de agosto de 1988. Ese día fueron asesinados en Estella dos guardias civiles del destacamento de Tráfico, Antonio Fernández y José Ferri. Deva intentaba encontrar alguna conexión, alguna pista que le permitiera asociar los distintos atentados cometidos en Navarra con el secuestro del industrial, por el que ETA había pedido un rescate a la familia de doscientos cincuenta millones de pesetas.

La financiación era fundamental para mantener la estructura de la banda: demasiadas nóminas y gastos para los liberados y miembros de los distintos comandos que operaban en las tres provincias vascas y en Navarra. Aunque la mayoría del dinero llegaba a Francia, desde donde se repartía en la jerarquía que determinaba la cúpula de ETA. Además del aparato militar, que integraban los comandos legales e ilegales, había que conseguir fondos para el aparato político, el aparato logístico y, por supuesto, la retaguardia, desde donde se financiaban los cursos a los nuevos pistoleros, se pagaba a los informantes, la captación, las *mugas* y los zulos que se repartían por todo lo alto y ancho de las Vascongadas. Era toda una estructura empresarial que exigía mucho dinero para su mantenimiento, que se conseguía cubrir gracias al impuesto revolucionario y a los secuestros de industriales o gentes con un muy alto poder adquisitivo y que no podían abandonar fácilmente sus arraigos, como sí hicieron muchos de los empresarios que salieron del País Vasco huyendo de las amenazas.

Deva tenía información sobre un colaborador de ETA, vecino de Lecumberri, al que apodaban Lehoia, *el León,* debido a su aspecto forzudo y a una melena representativa que no dejaba lugar a dudas. La dificultad de encontrar filtraciones en Pamplona respecto a los trabajadores de la Añuri no derivaba de su odio a Villoslada; por el contrario, la mayoría de los trabajadores le consideraban un compañero, una buena persona, y no entendían quién podría haber proporcionado a ETA la información sobre sus costumbres. Deva fue analizando todos los apuntes de las investigaciones realizadas en

Navarra en el último año. Una de ellas puso sobre la pista de la joven guardia al posible colaborador de la banda.

Se trataba de un atestado realizado por la Policía, cuando una reyerta en la puerta de un lupanar terminó con las declaraciones de dos miembros no fichados de la banda terrorista.

Ya se sabe cómo se cuecen estos celos de pago y pelo. Uno se cree que la muchacha trabaja solo para él, le da más dinero del acordado por hacerla suya y, cuando descubre que hace lo mismo con cualquier paisano de los habituales, se viene arriba de lo abajo que vive en realidad: seres del fango que se crecen pensando que el acuerdo con la puta estaba firmado ante notario o ante Dios.

Uno de los amigos que disfrutaba de los servicios de la prostituta se llevó el tortazo de un tipo grande apostado en la barra. Cuando se montó la pelea, un vaso roto puso punto final en la frente del agredido. Los otros amigos cubrieron la huida del agresor, que salió escopetado del club mientras los demás disimulaban su escapada en medio del barullo. Cuando la Policía foral vio el percal, tuvieron que avisar a los sanitarios por las heridas que los cristales habían producido en la cara del tipo. Entre declaraciones y diretes, uno de los agentes anotó el apodo de Lehoia, pues no conocían su nombre; era como se referían a él los dos amigos del huido, y algunos testigos pudieron añadir lo corpulento y melenudo que era.

No se supo más, pero a Deva le sonaba aquello de Lehoia de cuando uno de una sidrería comentó la visita de un tipo de similares características, que había comprado varias cajas de chacolí la temporada anterior. Al hombre le llamó la atención porque parecía un levantador de piedras. Tenía el pelo dorado hasta los hombros, largo y recio, y unos brazos donde cabían cuatro como los del vendedor de sidra. Cuando dos de sus encargados fueron a recoger el pedido, hablaron sobre un encuentro que mantenían en Francia con un tal Lehoia, que el vendedor atribuyó al recuerdo de aquel fornido.

Declaró todo eso cuando la Guardia Civil investigaba el caso del lanzamiento de granadas a la casa cuartel. La sidrería estaba en el mismo monte donde los testigos habían visto los lanzagranadas y el zulo que encontraron, gracias a los perros, en el que ETA guardaba, en toneles de acero y chapa tapados con solapas de plástico, doscientos cincuenta kilos de amonal, además de distintas granadas *jotake,* detonadores y cableado para la fabricación de bombas.

★ ★ ★

En Pamplona, Zubieta acompañó a su sobrina a la puerta de la escuela. Había pedido permiso a su jefe para llegar una hora más tarde, porque cuando le tocaba la niña, o al menos los primeros días, trataba de acompañarla él mismo a la ikastola. Desde los primeros días de octubre, los niños ya tenían clase por la tarde, por lo que podía cumplir el horario de la fábrica sin ningún problema y, en caso de terminar o cambiar el turno, su *ama* se organizaba para recoger a Ainhoa.

Esa mañana, el invierno parecía echarse encima de la ciudad. El mal tiempo obligaba a la pareja a caminar rápido, tratando de refugiarse de una llovizna lateral que molestaba mucho más, pues impactaba con sus gotas en la cara de los dos. Nadie sospechaba en Pamplona de Zubieta, la ciudad era grande y pasaba desapercibido por completo. Aunque tampoco se comentaba nada en Lecumberri. Zubieta era un tipo de allí y, sobre todo, de los suyos.

Después de dejar a su sobrina, cogió su coche para dirigirse a Añuri. El cristal estaba lleno de gotas y no se diferenciaba el gris del cielo y el del techo. Avanzó hasta llegar a Aizoáin y se dirigió por la avenida de Guipúzcoa hasta la puerta de la fábrica. En la garita de la entrada se sorprendió al ver a dos agentes de la Guardia Civil comprobando el acceso a las instalaciones. El guarda jurado de siempre era un viejo conocido de Lecumberri, con lo que apenas bajaba la ventanilla cuando llegaba. Ese día no solo no estaba, sino que, junto a los guardias, había dos nuevos vigilantes de otra compañía privada. Sospechó que habían echado a su contacto. Zubieta se puso nervioso, pero trató de calmarse en una milésima de segundo, mientras detenía su coche frente a la barrera.

Llevaba el pelo recién cortado, apenas se distinguía si era rubio o rojo, la foto de la niña en el espejo retrovisor y una banda con la ikurriña anillada en el cambio de marchas. Cuando se detuvo del todo y bajó la ventanilla, uno de los guardias le saludó militarmente, mientras el otro anotaba la tarjeta de Zubieta en el registro. Comprobó, mirando por el espejo, que otro agente revisaba los bajos del coche con un espejo mientras despachaba con la vista cada centímetro del interior desde las ventanas. Llovía a plomo cuando le dijeron que continuara.

Ya en el interior, Zubieta tuvo que identificarse por segunda vez antes de dirigirse a su puesto en la planta. Otros dos guardias hablaban con el jefe de personal.

En la cantina, donde algunos compañeros comentaban lo sucedido, pudo enterarse de que los guardias buscaban a uno de los empleados porque suponían que había soplado información sobre los horarios del patrón. Se hablaba de los doscientos cincuenta millones que habían pedido por el rescate.

La llamada la había hecho un miembro del aparato de finanzas de la banda terrorista desde una cabina de Pamplona algunos días antes. Se había puesto en contacto con el hermano de Villoslada, a quien le advirtió de que, si avisaba a la Guardia Civil o a la Policía, meterían a su hermano dos tiros en la nuca. La pasta debía entregarla en un bar en el sur de Francia, en Hendaya. Todo se sabía en el curro, en la planta. Es normal. ¿Quién no sospecha cuando ve algo, sabe algo y entiende lo que pasa delante de sus ojos? Encima se habla, se cuenta…

Deva volvió entonces a asociar lo que sabía de Lehoia con lo que sucedía con el Comando Nafarroa. Se acercaba a Villoslada por demasiados indicios que, sumados a una corazonada, a la intuición o como quieran que se diga, la colocaba detrás de algo que casi la quemaba en la yema de los dedos.

Algunos días eran tan largos que los miembros del Grupo de Acción Rápida o de la UEI soportaban jornadas que llegaban a la semana completa, sin dormir, pateando el monte y las rutas más complejas de la cordillera de Navarra o de la frontera con Francia, escudriñando cada palmo de terreno, de bosque o de línea imaginaria. De vez en cuando, si coincidían sus turnos, podía verse con Juanjo, un chico de Cádiz que también estaba destinado a la lucha antiterrorista en Inchaurrondo. Lo que comenzó siendo un cuartel terminó por ser un pueblo donde las familias y los guardias tenían de todo, de manera que no se vieran obligados a salir y arriesgarse a sufrir atentados o miradas de amenaza allá por donde fueran.

Siempre se reconoce al que llama la atención, al que desentona. Solo se necesita cierta continuidad y constancia en algo para que todo lo distinto sea perfectamente reconocible. Pasa con cualquier cosa, en un bar, en el trabajo, en el metro; enseguida nos convertimos en parte de algo que, al repetirse en bucle, nos hace cazadores de lo que no sea habitual. Como si no fuera nuestro. Pero Deva y Juanjo salían en coche y se iban hasta Francia para poder estar tranquilos y que no hubiera testigos de sus andanzas en cualquier pedanía cercana a Inchaurrondo o San Sebastián, donde solo en verano podían perderse con un poco más de discreción por la oleada de turistas que se paseaban lo Viejo de pinchos, vinos y *txalapartas*.

Esa tarde, los dos coincidirían en una de sus escapadas. Como noviembre a veces era generoso con el clima, decidieron viajar hasta Toulouse. Tendrían algunos días de descanso y aprovecharían para conocerse mejor. El tiempo pone a prueba el roce y, esto, que se quiera o se deteste. El tipo de vida que llevaban no era fácil para el amor o como quieran llamarlo.

—Deva, buenas tardes.

—Mi capitán.

—Espero que no haya hecho planes.

—No, mi capitán.

—Tenemos que averiguar qué pasa con Villoslada antes de que la familia cometa la temeridad de pagar el rescate.

—Mi capitán.

—Le informo en treinta minutos.

Deva cogió el teléfono y llamó al cuartel general del GAR en La Rioja, donde Juanjo terminaba su semana de trabajo.

—Parece que Toulouse tendrá que esperar.

—No me jodas, Deva.

—Nos han reunido para acudir a Lecumberri.

—Pero ¿no trabajabas de analista? Entre lo de Araba y eso, ¡menudo fichaje han hecho! Pues nada, Deva, qué le vamos a hacer.

—Puedes irte a Toulouse con alguno de tus compañeros solitarios.

—Sí, claro, también puedo invitar a mi comandante.

—Me apetecía mucho, Juanjo.

—Bueno, ya lo haremos. Estáis detrás de algo importante.

—Esta semana intento llamarte.

—Ya sabes que estaremos en el cuartel con la semana de instrucción.

—Un beso, Juanjo.

—Mucha suerte, Deva.

★   ★   ★

En la fábrica de Añuri, Zubieta terminaba la jornada. Como había llegado dos horas tarde, debía cubrir el tiempo de un compañero que le había facilitado el retraso. Su madre iría a recoger a la niña al salir de la ikastola y Zubieta solo pensaba en los guardias civiles que había visto ir y venir todo el santo día por la acería. La temperatura a veces alcanzaba la insoportable calentura de quemarte vivo, pero Zubieta aguantaba los horarios tratando de evadirse del nervio que sentía en la nuca. Como si algo fuera a suceder.

—Zubieta, vente un segundo —le dijo el capataz.

Dejó los guantes y los tableros de acero que estaba cortando. Se apresuró detrás del hombre que le pagaba, subiendo las escaleras metálicas que accedían al despacho del tipo. Al entrar, cerró la puerta dejando que las esterillas rebotaran contra el cristal.

—Zubieta, mira, andan los picoletos por aquí preguntando…

—¿Y?

—Pues que quiénes erais de Pamplona o Lecumberri, o de la zona, que si dónde estabais el fin de semana, que si lo otro, ya sabes.

—¿Y qué dijiste?

—Pues nada, que entregué las fichas de los que trabajabais, pero que la tuya no la entregué, y hoy, cuando has fichado en la garita, pues que no te encontraban. Entonces he tenido que entregársela esta tarde al cabo, ¿sabes?

—Bueno. Pues yo estuve el fin de semana en Lecumberri. Poteando y comiendo por ahí. Lo pueden demostrar testigos, ¿eh?

—Claro, claro. Si no estoy diciendo nada, solo que te andes con ojo.

—Bueno, *agur*.

—*Agur*.

Al despedirse, el capataz se levantó de la silla. Había cierta distancia en el trato, un respeto que no correspondía para la escala que ocupaban entre ellos.

Zubieta terminó su turno. Se acercó a la taquilla y dejó su uniforme para meterse directamente en la ducha. No tenía tiempo que perder, pero habría sido sospechoso abandonar la fábrica sin ducharse. Fue una de las exigencias que habían ganado los sindicatos un año antes, dándoles cierta dignidad a los hombres que salían teñidos de negro demasiadas jornadas. Al abandonar el recinto, comprobó que en la garita solo estaban los nuevos miembros de seguridad contratados. Zubieta enseñó su identificación y salió acelerando todo lo que daba el coche en dirección a Pamplona.

No quiso llamar desde la fábrica; daba por hecho que los teléfonos estarían pinchados. Así que recorrió los kilómetros que separaban la vieja ciudad de la fábrica sin detenerse siquiera en algunos semáforos, porque ya conocía sus tiempos.

Fue directo a la casa nueva que le había prestado un primo de Lecumberri y que estaba lo suficientemente céntrica como para no llamar demasiado la atención con Ainhoa. Dejó el coche en una de las entradas de la plaza del Castillo y caminó rápido sin detenerse hasta la Estafeta. Pasó casi sin tocar el suelo hasta abrir el portal del número 34 y subió las escaleras como un rayo, trepando hasta el tercero. Después de abrir la puerta de su piso, fue directo hasta la cocina, donde su *ama* estaba con la niña, preparando la cena.

—Nos vamos, *ama*. Ainhoa, pequeña, coge una maletita de esas que hablamos el otro día.

—¿Qué sucede?

—Que me van a coger. Nos vamos a Francia esta misma noche.

—Pero ¿y la niña? Lleva tres meses en la ikastola.

—No importa la niña. Tenemos que ponernos a salvo.

—Bien, prepararé las cosas, Zubieta.

—Rápido. Quiero pasar la *muga* antes de la medianoche.

Cuando estuvieron listos, Zubieta bajó las maletas de los tres. Antes había llamado a un contacto de Irún que les ayudaría a cruzar la *muga* en barca, bordeando la costa y entrando por un caladero de Hendaya que conocían bien. Por eso les cogió algo de ropa de agua para la noche.

Tenía prisa por salir, no dejaba lugar a dudas. Cogieron la carretera nacional con destino a Irún, a donde llegarían un par de horas más tarde.

Ya casi era de noche, pero el reloj no marcaba más de las nueve y media. En otoño todo se acuesta antes, desde el sol al obrero, todo el mundo se aclimata a lo que se viene encima, que no es ni poco ni corto. Se empalmaban meses de trabajo, de frío y de poca luz que metían en el invierno a los habitantes de Norteña. En el muelle de Fuenterrabía esperaba un enlace que los metería en la bodega de su barca hasta Hendaya. No había más de trescientos metros, con lo que la vigilancia aduanera y posibles barcazas de la Guardia Civil o la Gendarmería no les atraparían. Además, el enlace al que Zubieta había llamado conocía bien a los encargados del puerto y le avisarían por radio de cualquier novedad en los movimientos de los picoletos. Podrían cruzar tranquilos a Francia. Allí, Zubieta lo tenía todo bastante organizado, aunque no iba a matricular de nuevo a su sobrina en la escuela; tan solo por precaución y por no saber qué instrucciones le darían hasta que no hablara con su responsable de ETA, a quien esperaba encontrar en los próximos días.

★   ★   ★

Francisco Múgica Garmendia, alias *Pakito,* era el jefe de ETA desde la muerte de Txomin Iturbe en Argel, en muy extrañas circunstancias. Pakito había ascendido a la jefatura de la banda y había formado el colectivo Artapalo junto a José Luis Álvarez Santacristina, alias *Txelis,* y Joseba Arregi Erostarbe, *Fiti* para los Cuerpos y Fuerzas de Seguridad del Estado. Así los tenía anotados Deva en la pizarra de corcho

81

que dispuso en la pared de su despacho de los Servicios de Información.

El organigrama que Deva observaba en el cuartel de Irún, a muy pocos metros de donde Zubieta escapaba hacia Francia, le ponía los pelos de punta. Esos tres nombres eran los causantes de esa nueva estrategia de la banda terrorista de ampliar los objetivos a todo tipo de civiles, una forma de hacer terrorismo que hasta ahora España no había conocido, con muertos y bombas en la calle, en casas cuarteles con familias y niños mutilados, contra fiscales, jueces, políticos y contra toda oposición al significado de ETA y sus causas. Por eso miraba atenta el apodo, tratando de entender qué pieza la faltaba para completar el nombre de Lehoia.

7

PAMPLONA

Cipriano Villoslada caminaba de un lado a otro con las manos cruzadas a la espalda y con la barbilla casi pegada al pecho. Cada cinco metros se giraba sobre sí mismo mientras el agua caía en la avenida de Bayona, donde estaba la sucursal del Banco de Bilbao. Cuando abrieron, Cipriano pasó directamente a ver al director, que le esperaba con el trabajo avanzado desde la llamada del día anterior. Algunas señoras, las más puntuales, aprovechaban para comprobar la cartilla. Muy pronto se formó una cola de pensionistas delante de la ventanilla, mientras Cipriano cotejaba algunos detalles de los documentos que el director despachaba sobre la mesa. Todavía los bancos funcionaban atendiendo al público, ofreciendo un servicio de confianza al cliente que de algún modo justificara los honorarios y las comisiones de los que vivían.

—Vendrá también mi hermano Aurelio, cuando pueda, para firmarte el papeleo.

—Muy bien, don Cipriano.

—Ni que decir tiene que no puedes comentar esto con nadie, Luis.

—Por supuesto, don Cipriano.

—Debemos poner orden a esta locura lo antes posible, así que reúne los trescientos millones en efectivo. Luis, no me falles.

—Mañana a estas horas estará listo. No es posible tenerlo hoy mismo porque esta mañana la gente está sacando el
dinero para las fiestas de Navidad. Hemos tenido que avisar
a la central para que nos trajeran el dinero en el reparto de
mañana. Vendrá directamente en dos maletines.

—Muy bien. Cuando venga Aurelio, arreglad el resto y,
por mi parte, muchas gracias, Luis.

—A usted, siempre, don Cipriano.

Tras salir de la sucursal, Cipriano caminó por la avenida
del Ejército hasta la plaza de la Paz, donde un conductor le
esperaba. Cuando llegó a su altura, le indicó que iría andando a recoger una valija en la calle de Tudela, muy cercana a
ese punto. En realidad, tenía que confirmar en un bar que
ya estaba abierto que, finalmente, accedían a pagar el rescate
por la vida de su hermano Adolfo. Era una situación muy
delicada porque, por un lado, la Guardia Civil estaba investigando la desaparición y, por otro, se esforzaba en conseguir pistas nuevas sobre el Comando Nafarroa o el paradero
de Villoslada. Al mismo tiempo, también investigaba la empresa, a los familiares de Adolfo y todo tipo de conexiones
que pudieran incidir en el trágico suceso.

Después, Cipriano se tomó un café con leche en la barra
de un bar cercano. La televisión estaba puesta y se podían
leer los titulares del día. La ETB comentaba, entre otros sucesos, el secuestro de su hermano y los más de cuarenta días
que ya llevaba de cautiverio.

—¿Me pone un chupito?

—¿Blanco?

—Por favor.

Un equipo de la Guardia Civil de paisano formado por
doce agentes seguía a Cipriano desde antes de llegar al ban-

co, anotando sus encuentros, las direcciones, todo lo que estuviera relacionado con su actividad fuera de la fábrica. Llamaron por radio al cuartel de Irún, desde donde el capitán González coordinaba la operación. En ese momento, Cipriano se terminaba el chupito y salía del bar para reunirse con su conductor, al que había dado indicaciones para verse a las afueras de la ciudad. Le habían advertido de que nadie debería saber la ubicación del bar donde iba a conectar con un enlace de la banda.

Los guardias dieron a Irún los datos de los dos bares en los que había parado Cipriano. De momento no actuarían; necesitaban tirar del hilo para llegar poco a poco hasta el paradero de Adolfo. Si también conseguían atrapar al enlace del dinero, la cosa les pondría sobre la pista del aparato económico de la banda —integrado en el logístico— e impedirían que el dinero llegara a ETA, siempre que eso no pusiera en riesgo conocer el paradero del secuestrado.

★   ★   ★

Cuando se escuchó el golpe, Adolfo entendió que venían a matarle. Fue seco, de improviso, sin tener noción alguna de si era de día o de noche, porque llevaba casi cincuenta jornadas encerrado en aquel zulo del que solo recordaba que estaba en medio de un bosque. La luz de la bombilla suelta estaba siempre encendida y solo tuvieron que cambiarla una de esas veces en las que recibió la visita de un encapuchado. En la última le dijo que lo iban a matar, que su familia no quería pagar el rescate y que por sus huevos le darían el pase en pocos días. No parecía que hubieran pasado pocos; al contrario, la vida sin referencias era como un gusano lento que nunca llegaba, sin dejar hueco a la imaginación ni a la certeza, un tiempo en el que los minutos eran días y las horas, meses.

—Bueno, ¿qué? Te traigo un poco de pan. Parece que tu familia está por fin colaborando, ¿sabes? No van a pagar lo que les pedimos, sino mucho más. Así que, si todo va bien, pronto te irás de aquí.

—¿Me puedes dejar un poco más de agua?

—¿Y las botellas?

—No queda apenas.

—Pues cómete las latas esas de conserva, no me des el coñazo, hombre.

—¿Hasta cuándo me tendréis aquí?

—Si tus hermanos cumplen, poco tiempo. Pero más te vale que aflojes la mano con los trabajadores del colectivo. Si tenemos quejas de lo hijo de puta explotador que eres, volveremos a por ti.

★ ★ ★

En un bar de Hendaya se encontraba Zubieta esperando una cita. No era todavía la hora de comer, pero la Francia vecina tomaba el almuerzo temprano, por lo que no serían más de las once y media, más o menos, cuando reconoció al enlace que venía a buscarle. Se quedó fuera, como habían acordado. El tipo portaba una gorra azul para que se reconocieran. Así que Zubieta pagó la consumición y salió a reunirse con el enlace que le llevaría hasta el responsable de ETA que se ocupaba de la zona de Navarra.

Se saludaron en francés y el hombre le pidió que le acompañara por la antigua estación de Hendaya. Caminaron cinco o seis minutos hasta que se pararon en un portal de un pequeño edificio de apartamentos. Subieron dos pisos y el hombre invitó a Zubieta a pasar, aunque él se quedó fuera. Dentro le esperaba otro miembro de la banda armada. Zubieta nunca había estado con él, pero sabía muy bien quién era. Todos en ETA sabían quiénes eran los que habían tomado el control desde la desaparición de Txomin Iturbe.

—¿Por qué saliste tan rápido?

—Estaban estrechando demasiado el cerco con el secuestro. En la fábrica hay gente que tiene afecto por el patrón. Tarde o temprano me iban a delatar.

—Pues vas a volver a integrarte en el Comando Nafarroa de manera oficial.

—¿Y qué hago con mi sobrina?

—Tenemos un contacto que puede ayudarte con eso.

—Es importante que no nos detengamos ahora.

—Vamos a recibir un pago importante por el industrial ese. Yo creo que aflojarán la información cuando sepan que te has ido. Por eso es importante darles otro tipo de cosas que investigar. Te esperan en Pamplona cuando vuelvan los otros tres integrantes.

—¿Quiénes son?

—Lizarralde, *Heavy;* ese dirige el equipo. También están Rubenach y una tipa muy cañera, Susana Arregui, que creo que la conoces de antes.

—Sí.

—Pues la actividad está siendo muy buena. Entre lo de Estella y las granadas a la casa cuartel, la cosa está siendo positiva. Estamos contentos.

—¿Y con la niña qué hago?

—La mujer de un amigo de aquí trabaja en una ikastola. Ella se puede encargar de hacer la matrícula de tu sobrina.

—Mi *ama* puede llevarla y traerla.

—Bien. Prepararé un encuentro para arreglarlo. En el caserío de tu familia, en Oyarzun, ¿quién vive ahora?

—Ahora nadie.

—Bien. Sería interesante para esconderse o para guardar algunas cosas. ¿Podemos usarlo?

—Sí.

—Pues ya le digo ahora a este que te avise para las siguientes instrucciones. Intenta salir poco por aquí.

—Muy bien.

★　★　★

Deva entraba en Pamplona por la Nacional. Después de quedarse sin el viaje a Toulouse, al menos tendría la oportunidad de poner en práctica todo lo aprendido con las vendedoras de humo y deseos en el Rastro de Madrid. Según lo planeado, harían noche en Pamplona para no llamar demasiado la atención en Lecumberri. Allí cualquier extraño podría resultar sospechoso para los locales, que en su mayoría eran cercanos a la izquierda *abertzale*.

A primera hora de la mañana siguiente, Cipriano volvió a la sucursal bancaria. En esta ocasión, Deva también participaba en el seguimiento. Estaba ensayando el plan del día siguiente, en Lecumberri, donde se haría pasar primero por una gitana que leía las manos y vendía romero, para después volver a la acción vestida de turista. Su aspecto de niña, menuda y discreta, era perfecto para estas misiones, lo que a Juanjo le sentaba como una patada entre las piernas.

Deva estaba en la entrada a la plaza Mayor, menudeando con los que pasaban. Les decía que esperaran un momento, que en un segundo les leía las manos, su suerte, escúchame una cosa, mira… Poco a poco, se aproximaba hacia la puerta de la sucursal donde Cipriano esperaba la llegada de su hermano Aurelio. Los dos recogerían el dinero para llevarlo al bar de Francia donde habían quedado con un enlace de la banda. En aquel instante, la Guardia Civil podría detenerle, pero, como estaba en suelo francés ETA, se sentía completamente a salvo. Podían hacer lo que les viniera en gana: mientras no dispararan por la calle, la Policía francesa no les pondría una mano encima. Aunque, poco a poco, la colaboración, que en la justicia llevaba un paso lento, demostraba que los guardias civiles y los gendarmes lo empezaban a hacer de una manera extraoficial.

Aurelio llegó acompañado de dos guardias jurado y un escolta. Entraron en la sucursal del banco y permanecieron unos minutos en su interior antes de abandonarla. Los coches de seguimiento de la Guardia Civil esperaban fuera. Mantuvieron una distancia prudente y se fueron activando más de diez durante el trayecto hasta Francia. El único escollo que tenía la operación era que la Gendarmería detuviera y registrara a los dos hermanos al entrar en suelo francés, pero el capitán González había utilizado sus influencias en la frontera con Irún, especialmente con los agentes de Aduanas, para que dejaran pasar los coches de los empresarios. Su objetivo era seguirlos en territorio francés. Apoyado por un grupo de agentes de la aduana, el propio capitán se había desplazado hasta Hendaya para unirse a la operación. Las coordenadas del bar fueron revisadas por los Servicios de Información, y ya tenían prevista la vigilancia dos días antes de esta operación, en la que Deva había participado en su primera fase.

Desde que el coche de los Villoslada tomó la Nacional hacia Irún, Deva tuvo tiempo para acudir al cuartel de Pamplona, donde se quitó los ropajes y las pinturas de incógnito. Allí podría pasar la noche y descansar antes de ir a Lecumberri. Después de ducharse y de cambiarse de ropa, Deva aprovechó para socializar un rato en la cantina del cuartel con otros guardias civiles.

Unos compañeros terminaban también su turno. En la barra, un sargento bromeaba con otro agente sobre cómo se celebraba la Navidad en Inchaurrondo, donde el teniente coronel Galindo había invitado al comandante del puesto de Pamplona para asistir a la misa y al homenaje a los caídos que organizaba dentro del cuartel de San Sebastián, bastión de la lucha contra ETA y donde Deva vivió algunos meses antes de incorporarse definitivamente a los Servicios de Información de Irún.

★ ★ ★

Cuando cruzaron el puesto fronterizo de Irún, dos guardias civiles se mantuvieron detrás de la comitiva de los Villoslada, a pesar de que no podían entrar en territorio francés sin autorización. En este caso, los dos agentes se la jugaron, porque entendían que una operación de este calado necesitaba de actuaciones comprometidas. En ese momento, los dos Mercedes en los que viajaban los hermanos Villoslada se separaron. Uno de ellos continuó en dirección a Biarritz y el otro se dirigió hacia Bidart, confundiendo a los guardias, que, por radio, consultaron cuál de los coches debían seguir. Desde el cuartel, el capitán González les indicó que siguieran al coche que iba en dirección a Biarritz, a una distancia lo suficientemente larga como para que en ningún momento sospecharan de ellos. Los guardias, que viajaban en un Ford Escort con matrícula francesa, no podían detener a nadie en suelo francés ni llevar pistola, pero sí, al menos, averiguar en qué bar se pagaría el rescate y poder explicar el entramado a las autoridades vecinas por vía del capitán González, que semana a semana afianzaba las relaciones con sus homólogos galos.

Cuando llegaron a Biarritz, el Mercedes 300 negro dio algunas vueltas y comenzó a repetir los mismos trayectos. Los guardias pensaban que se trataba de una estrategia para despistarles, por lo que realizaron las mismas maniobras que hacía el conductor. En un momento del seguimiento, el coche se detuvo junto a una cafetería cercana al casino de la ciudad y se bajaron del coche los guardias jurado y Aurelio Villoslada. Esperaron hasta poder ver a Aurelio, que era el hermano que había dirigido las negociaciones y los contactos con la banda.

Mientras, en Bidart, Cipriano se apeó del coche. Tras abrir la puerta se puso un sombrero de felpa y una gabardina marrón, tal como le habían pedido que hiciera para el encuentro. Bajó caminando la cuesta que le separaba de la Iglesia de Notre Dame de l'Assomption, donde debía encenderse un cigarrillo, señal para que el enlace con la banda terrorista le reconociera.

Estuvo esperando veinte minutos, y entre los nervios y la tardanza se encendió cuatro pitillos. Una chica apareció en la esquina del quiosco de prensa que había en la plaza. Le hizo una señal levantando la mano para que la siguiera. Cipriano se apresuró a agarrar las dos mochilas que portaba y caminó detrás de la mujer a una distancia prudencial. Las casas, blancas con las maderas en rojos y azules, parecían ofrecer un escenario bucólico, un decorado para el turismo, que apenas ahora había en la pequeña localidad. La chica giró por un pequeño callejón, le *prom* de Belvedere, una estrecha callejuela que moría al final de los primeros cien metros, junto a la entrada de alguna de las majestuosas villas que miraban a la mar en Bidart. Allí desapareció, dejando a Cipriano solo y aterrado, aunque por muy poco tiempo. Un hombre con una gorra azul bajaba directo hacia él.

—¿Ha traído todo?

—Aquí lo tengo.

—¿Le han seguido?

—No creo.

—Mejor.

—¿Y mi hermano?

—Usted se calla, Cipriano. Sabemos todo de ustedes, así que tengamos la fiesta en paz, ¿entendido?

Después de coger las dos bolsas con la pasta, el hombre de la gorra azul se alejó por un camino de tierra. Al principio, Cipriano dudó si seguirlo. Tenía esa sensación de querer saber un poco más, pero sus movimientos eran pobres, indecisos y poco seguros. La chica volvió a aparecer por la esquina de abajo, al principio del callejón, y Cipriano fue caminando hacia ella tratando de obtener alguna pista nueva que pudiera aclararle el paradero de su hermano. Cuando dobló la manzana vio cómo se subía en un Renault Clio y se perdía por otra calle adyacente. Entonces se dio de bruces con el bar Frontón, que parecía otra casa más, con su rojo reluciente y un blanco impoluto que denotaba una reciente mano de pintura.

Varias personas entraban y salían del bar, y Cipriano pensó en llamar a su casa para decir que todo había salido bien con la entrega del dinero. Esperaba que también se hubieran puesto en contacto con ellos los secuestradores o ETA, y que les hubieran comunicado alguna novedad sobre el secuestro.

★ ★ ★

El capitán González colgó la radio después de enterarse de que les habían dado esquinazo. Había ordenado a los dos guardias civiles acudir a Bidart lo antes posible, aunque sin la certeza de poder coincidir con los terroristas. Ya era demasiado tarde. Habían perdido la oportunidad de seguir a los enlaces de la banda. Por eso levantó el teléfono y se puso en contacto con su homólogo francés en el Servicio de Aduanas.

—Los hemos perdido —confirmó en francés.

Desde que comenzó la guerra —con ese nombre la conocían ellos—, el capitán González fue fundamental por varias razones. La primera era que hablaba un francés perfecto, pues había nacido en Irún y se había educado tanto en español como en francés como lengua madre. Por otro lado, era un analista de datos de primer orden y eso fue crucial para que el teniente coronel Galindo le asignara la creación del equipo de Información, aunque había decidido también destinarlo a Irún para mantener separados los equipos que luchaban contra ETA; si abrían bien los ojos, tendrían siempre más datos que compartir, y en ese nexo radicaban los últimos éxitos de la Guardia Civil contra la banda terrorista. Otra de las razones por las que el capitán era único, sin duda, se debía a sus formas dentro del Cuerpo. Se podía decir que, de todos los mandos de la Guardia Civil, era el que más arriesgaba estirando los límites de la autoridad y, al toque, conseguía una efectividad al alcance de muy pocos. Siempre que podía, intentaba llegar un poco más lejos, sin importarle las consecuencias personales que una desobediencia o una impertinencia pudieran acarrearle. Pero, claro, sus aciertos siempre iban por delante de su chulería y, al fin y al cabo, de lo que se trataba era de cogerles. Podría decirse que tenerle de jefe era lo mejor que podía pasarte, aunque no se podía decir lo mismo de él como subordinado. Era el capitán mejor preparado y al mismo tiempo el que más se salía del orden convencional.

Hasta la fecha, los Cuerpos y Fuerzas de Seguridad del Estado cortaban la cabeza del que tenían delante, no se esforzaban en conocer más allá de las fichas policiales y de las causas que tenían contra ellos. El teniente coronel Galindo, y, muy en especial, el capitán González, habían comenzado a tirar del hilo hacia arriba, dejando incluso flecos sueltos en las diferentes actuaciones para siempre poder seguir investigando desde un sitio fiable. Esta nueva técnica permitía que, por ejemplo, si sabían de un enlace que facilitaba información a la banda, no le detenían cuando se aplacaba a un comando en concreto, sino que le seguían observando, viendo con quién se reunía o tratando de averiguar un poco más de la estructura de la banda. Ya no se contentaban con detener solo a un comando, puesto que enseguida lo reponían y seguían funcionando de la misma manera.

González avisó por radio a Deva, que esperaba novedades en la cantina del cuartel de Pamplona.

—Salimos para allá esta noche, Deva.

—Muy bien, mi capitán.

—Hemos perdido el rastro del dinero. Me imagino que habrá movimiento estos próximos días por allí. Mañana debemos estar muy atentos.

La Comandancia de la Guardia Civil en Pamplona estaba en la avenida de Galicia, muy cerca de la plaza de los Fueros. La separaban de Lecumberri no más de treinta kilómetros, pero en un pueblo tan pequeño como ese no podían jugársela y meter a tantos guardias como necesitaban. Por eso, la mayoría de los que participarían al día siguiente en la operación se encontraban ya en Pamplona.

★ ★ ★

Zubieta recibió una llamada en su casa de Hendaya. No contestó al teléfono porque la señal era que se hicieran dos llamadas de dos tonos cada una de ellas. Le pidió a su madre que terminara la cena y le dijo que volvería a la casa lo antes posible. Le dio un beso a Ainhoa, que quería acompañar a su tío. Zubieta era la única figura paterna de la niña, pero fue definitivo cuando le dijo que no.

Caminó por la *rue* des Jasmins hasta llegar al cruce con la plaza de Nueva Aquitania, donde había bastante bullicio por un par de locales que terminaban un poco más tarde la jornada. Pasó frente al bar Abadia y siguió caminando bordeando la plaza, siempre pendiente por si alguien pudiera estar vigilándole. Al llegar a la cabina de la esquina con General Lecrec, Zubieta utilizó un par de francos para llamar a uno de los números que llevaba anotados en un papel. Después de marcar, troceó el papel y esperó respuesta del otro lado.

—Ya está hecho. Han pagado. Debes volver a Iruñea para organizar la liberación del tipo.

—¿Quiere que me comunique con algún miembro del comando?

—No. Estamos con alerta en todas las comunicaciones. Debes ir tú mismo.

—A la orden.

—Ten cuidado. Intenta viajar esta misma noche.

—Así lo haré.

Volvió a su casa. Apenas tuvo que explicar nada cuando su *ama* vio que preparaba una bolsa pequeña de viaje, tipo mochila, que enseguida se puso sobre la espalda.

—Dile a Ainhoa que volveré pronto.

8

LECUMBERRI EN NAVIDAD

La misa empezó a las diez de la mañana. Apenas se cabía en el interior de la ermita del Pilar; medio pueblo estaba dentro y el otro medio esperaba poteando desde bien temprano, llenando los bares que ese día no entendían de horarios de inicio y de cierre. Las casonas de piedra formaban un pueblo antiguo, pero soberbio. La mayoría de ellas albergaba clanes familiares que llevaban décadas en el pueblo, de ahí su hermetismo. Apenas cabían forasteros, excepto en los días festivos, en los que el pueblo admitía que se acercaran los vecinos de Muguiro, de Aldaz o Albiazu.

El dispositivo de la Guardia Civil lo formaban cuarenta agentes, que iban en diez coches y tres furgonetas de reparto. También una de mayor capacidad de una empresa de fontanería a la que habían colocado un vinilo falso; en realidad, sería donde algunos guardias podrían cambiarse de ropa para el teatro que pensaban desempeñar esa mañana. Las matrículas eran de Navarra, de Bilbao y alguna de San Sebastián. Desde los cortes de pelo a la vestimenta elegida, todos ellos guardaban cierto parecido con el aspecto que tenían los miembros de la izquierda *abertzale*: el cabello recortado y con coleta, ropas anchas y una riñonera que aprovechaban para guardar las armas reglamentarias. Cuando terminó la misa y comenzaron a sonar los primeros cohetes, la operación dio el pistoletazo de salida y todos cubrieron sus posiciones de una manera ordenada. El juego había comenzado.

Deva caminaba junto a una compañera, ambas caracterizadas como gitanas que trataban de vender humo leyendo la mano o colocando décimos de lotería de Navidad. La gente era muy reacia a picar, de manera que apenas pudieron disimular con dos o tres personas. Las mujeres mayores eran todavía más cautas a la hora de dejarse hablar, algún que otro chico joven, que se reía mientras ellas bramaban en caló, un par de chiquillos a los que regalaron dos ramitas de romero… Poco más. Habían memorizado las dos fotografías de los miembros de ETA fichados por la Guardia Civil y debían localizarlos. El paso siguiente era reunir información sobre con quién se veían y hablaban; con quién compartían ocio en esa fecha tan particular.

Deva se detuvo en el murete de la carnicería Urrutia, esperando, analizando las caras que pasaban por ese callejón hacia el centro. Cuando el reloj de la plaza dio las doce de la mañana, reconoció a un hombre de mediana de edad. El aspecto era exacto al de una fotografía que había visto el día anterior; no dejaba lugar a dudas. Por un momento pensó en acercarse para hablarle y poder confirmar hacia dónde se dirigía, pero el tipo posó su mirada en Deva, desde cuatro o cinco metros de distancia, y la dejó petrificada. En ese momento pensó que sería sospechoso dejar de actuar, así que, manteniendo ese espacio, levantó su mano a modo de oferta por si el hombre quería comprarle un décimo.

Después, Deva le hizo la señal convenida a uno de los agentes que trabajaban en el seguimiento, que iba disfrazado de turista. Era la mejor forma de pasar desapercibido. Aprovechó para meterse en la camioneta a cambiarse de disfraz, sacó una guía de viaje de Navarra y se puso una gorra y unos pantalones largos. También un chubasquero que casi la cubría hasta las rodillas, una cámara de fotos y la riñonera donde guardó su pistola reglamentaria.

Salió de la camioneta cuando nadie la atisbaba y comenzó a andar con prisa para intentar toparse de nuevo con el miembro de ETA o con el agente que la seguía. Entonces localizó a una mujer que hacía de enlace a la banda y que había sido detenida en dos ocasiones por su cercanía al mundo *abertzale*. La memoria de Deva era prodigiosa y cualquiera de las caras estudiadas se repetía en su cabeza mientras escrutaba cada uno de los rostros con los que se cruzaba.

Siguió a la mujer hasta que se paró delante de una taberna donde muchas personas tomaban el vino y la cerveza fuera del local. Se notaba que en fiestas no importaba el chirimiri que empezaba a caer sobre Lecumberri. Escuchó un runrún que venía de la esquina de la calle anterior, como si se tratara de un leve coro que iba ganando terreno al silencio. Cada segundo se oía más fuerte, más cerca. Podría aparecer en cualquier momento, como así pasó. Entonces se topó con un grupo de hombres y de mujeres que rodeaban a otra que lucía un abrigo negro. Por los comentarios que se hicieron a la puerta del bar, Deva supo que se trataba de la madre de un miembro de ETA que había fallecido semanas atrás en un tiroteo.

Entonaban el *Eusko gudariak,* que decía así:

Suena el irrintzi *en la cumbre, vamos todos los* gudaris *tras la* ikurriña.

Vienen los fascistas, están entrando en Euskadi, vamos gudaris, *a defender nuestra patria.*

Somos gudaris *vascos, para liberar Euskadi estamos dispuestos a verter nuestra sangre por ella.*

Nuestra patria amada nos ha llamado, vamos todos los gudaris *con las armas en la mano.*

La gente del bar se unió al grupo. Toda la calle entonaba la canción, mirando a la madre de negro, soportando las gotas de agua, como si realmente fuera el adiós a un *gudari* que había muerto por Euskadi. A Deva le estremeció la manera en la que todos los presentes aprobaban y protegían a ETA y a sus miembros. Hasta ese momento no comprendió del todo lo arraigado del peso, lo fuerte que era la fusión entre balas y pueblo. Estaba horrorizada, pero concentrada, porque sabía que varios liberados de la banda se encontraban por allí, preguntándose dónde y con quién estaban. Escrutaba a todos los que cantaban la canción de los *gudaris:*

La pelea de los arratiarras *ha tenido lugar en Intxorta, allí se ha quedado Mola y los requetés.*
La ikurriña *ondea en lo alto del monte, nadie en el mundo capaz de arriarla*
Somos gudaris *vascos…*

Entonces observó, en la esquina de enfrente, a dos paisanos que dejaban de cantar y saludaban mientras bajaban la cabeza en señal de pleitesía a un tipo rudo, fuerte, con el pelo corto, que se escondía bajo una gorra. Hubo un tercero que también le saludó. En un momento el tipo se paró y desde la distancia inclinó la cabeza hacia la mujer que estaba de luto, levantando la barbilla de lado, mientras la mujer respondía bajando la barbilla hasta el pecho. Deva comenzó a caminar hacia allí, tratando de ver la dirección que tomaba ese tipo grande y fornido que se le escapaba por la esquina de Aralar y que se perdía por la zona nueva del pueblo. Dio aviso por radio y volvió a guardar la emisora junto al *ferro* en su riñonera naranja. El capitán González trataba de poner a otros agentes tras la pista del tipo descrito por Deva.

A los diez minutos se encontraba junto a su compañera, Cristina, que también se había hecho pasar por turista y a la que conocía desde la academia de guardias jóvenes de Úbeda. Las dos pertenecían a esa primera promoción de mujeres que las hacía sentirse orgullosas de pleno derecho. Ambas jugaban a hacerse las despistadas. Gracias a un compañero de operativo, disponían de un un Citroen Ax aparcado en la calle, donde habían desplegado un mapa de la provincia de Navarra. No perdían de vista cualquier coche que pasara por allí hacia la salida del pueblo en dirección a Pamplona. El tercero que paró fue un Talbot Solara con matrícula de Zamora. A Deva se le cortó la respiración cuando reconoció al hombre que habían perdido en el asiento del conductor.

—¿Qué pasa, chicas, no sabéis dónde estáis?

—Sí, estamos intentando salir hacia Pamplona.

—¿Y de dónde sois?

—De Barcelona —se adelantó Deva.

Zubieta miraba la matrícula del coche de las chicas. Estaba solo, con la camiseta algo mojada y con la gorra todavía puesta.

—Mirad, seguidme, que os dejo justo en la salida.

—Muchas gracias —contestó Cristina.

—Venga, vamos.

Deva comunicó por radio su posición en cuanto se subió al coche. El capitán había previsto el desplazamiento de otro vehículo que estaría preparado para realizar el seguimiento desde la salida hacia Pamplona. Avanzaron despacio tras el Talbot; notaban las miradas desde el espejo, escrutándolas, siguiendo cada metro de su paso, como si no dejaran de buscar algo que no funcionara del todo, algo que fuese forzado, inesperado.

Cuando llegaron al sitio indicado, el conductor del Talbot levantó el antebrazo que mantenía apoyado en la ventanilla, haciendo un gesto de despedida. Mientras tanto, Deva comprobaba cómo una de las furgonetas de reparto se colocaba unos diez metros detrás del coche sospechoso. En ese momento, por radio, el capitán González les pidió que volvieran a Pamplona. Ya se habían expuesto dos veces, sería peligroso que el sospechoso volviera o alguien pudiera reconocerlas. Aun así, Deva sentía que se le escapaba una corazonada, como si hubiera sentido un calor que se alivia lentamente, pero no del todo.

El Talbot dio la vuelta hasta Lecumberri haciendo un giro sospechoso y brusco. La furgoneta no pudo hacer lo mismo y por unos minutos el coche quedó libre de seguimiento. Aceleró todo lo que pudo hasta entrar en el pueblo y logró perderse entre otros vehículos que estaban aparcados fuera de la plaza Mayor, cuyo acceso se había cortado por los festejos. Unos cabezudos enormes, con zancos, lanzaban caramelos a algunos niños, mientras el hombre se perdía entre el bullicio. El individuo al que seguían pasó por delante de la iglesia del Pilar. Miró hacia atrás y se perdió entre las personas que se agolpaban frente a la ermita.

Por orden del capitán González, todas las unidades debían seguir buscando al sospechoso, pero no se le volvió a ver esa tarde.

—Pues yo creo que los *txakurras* estaban en el pueblo.

—¿Cómo estás tan seguro?

—Te digo yo que estaba la cosa rara de la hostia.

—A ver si llegamos ya y nos quitamos el marrón de este tipo.

—¿Dónde crees que deberíamos soltarlo?

—Hay que alejarle del zulo lo máximo posible, pero debemos ir por alguna pista del monte. A ver hasta dónde podemos llegar con la lluvia esta.

—¿Y no te siguieron los *txakurras*?

—Mejor que no lo sepas todo. Eres un cotilla de cuidado, Lizarralde.

—Cuando le saquemos de la cárcel del pueblo, tendremos nuevas órdenes sobre qué hacer por aquí.

—¿Has hablado con el enlace?

—No, pero tengo que ver si hay algún correo nuevo.

Había distintas maneras de comunicarse con la jefatura de la banda o con los enlaces. Si la cosa era urgente, se podían hacer llamadas a determinados números de teléfono, aunque no era la opción más segura ni mucho menos la preferida por la cúpula. Lo mejor eran los correos, unos botes cerrados escondidos en algunas zonas acordadas y donde se dejaban mensajes escritos a mano. Cada cierto tiempo, un miembro del comando o un enlace acudía al correo, comprobaba si había algún mensaje nuevo o contestaba si había recibido instrucciones concretas. Muchas veces, los tarros en los que metían los mensajes quedaban sin respuesta durante semanas e incluso meses. También podía ocurrir que alguno de los destinatarios del mensaje fuera detenido, con lo que la cúpula o el encargado del comando tenían que utilizar otra forma de ponerse en contacto con los miembros de ETA. Esta forma de comunicarse era muy rudimentaria, pero, al mismo tiempo, enormemente segura. La mayor parte de los correos se depositaban en puntos concretos en medio del monte y solo las personas que los utilizaban conocían su localización. Ni siquiera todos los miembros del comando sabían dónde estaban, y tampoco todos los enlaces.

9

EL PADRE LARZÁBAL

Una mujer esperaba junto a un joven en la puerta del despacho parroquial de la pequeña ermita de Lecumberri. El día anterior había dejado un poso silencioso en el pueblo, como si un vendaval hubiera arrasado las ganas de fiesta de todos y cada uno de los que por allí paraban. Las esquinas reventadas de bolsas, amontonadas sobre los cubos de basura que esperaban que alguien los vaciara, botellas sin líquido, resaca en el cielo y en el suelo. Algunas señoras andaban por la calle, caminando rápido y de tapado, intentando que se las viera menos o huyendo de un frío temprano que azotaba las calles todavía mojadas. El chico miraba a su tía tratando de entender su empeño; le daba hasta cierta vergüenza estar ahí esperando a ver al padre Larzábal, el viejo cura que llevaba la ermita del pueblo. Este rozaba los sesenta, aunque parecía mayor. Tenía el pelo canoso, llevaba gafas de metal con cristales cuadrados y mantenía la barbilla altiva, girada muy levemente hacia un lado de la cara, como si siempre dudara o estuviera sorprendido. Parecía una pose, pero era lo único que tenía el chico en la cabeza desde que le tuvo delante, mientras permanecía sentado en la silla del despacho junto a su tía Idoia.

—Entonces, ¿quería celebrar una misa aniversario?

—Así es, padre.

—Pero ustedes no son de Lecumberri, ¿cierto?

—Mi padre sí, pero mi hermana nació en Pamplona.

—Y el aniversario es por su hermana, ¿cierto?

—Sí.

—Pero sería más fácil celebrarla en Pamplona, ¿no?

—Estaba muy vinculada a Lecumberri. Seguimos viniendo aquí en verano.

—Entiendo, entiendo.

—Pero es importante para nosotros que durante la misa mencione que fue una víctima de ETA.

—Ah, no, eso es imposible, señora.

—¿Cómo que imposible?

—Mire, nosotros decimos el nombre de pila, nada más.

—Pero es muy importante que la gente sepa que una mujer de aquí, trabajadora y madre de este chico que tengo a mi lado, murió asesinada por ETA.

—Claro, lo lamento, chico, una tragedia. Pero sabe que nosotros no tenemos posición, es un tema complicado.

—No entiendo por qué es tan complicado.

—Si nosotros nos inclináramos hacia un bando, no estaríamos siendo justos con las otras víctimas, ¿me entiende?, las de las otras posiciones del conflicto, ¿verdad? Por eso no solemos mencionar eso en los aniversarios. Sí en funerales, pero, claro, me dice que fue hace unos años y es mejor como lo hacemos, solo con nombre de pila. Si yo fuera usted, señora, probaría en Pamplona, aunque al ser un aniversario, como le digo, es muy probable que le suceda lo mismo.

—Pues mire, la verdad es que se me quitan las ganas de celebrar el aniversario de su muerte aquí con usted.

—Ya le digo, señora, nosotros preferimos ser prudentes con las posiciones que mencionamos en la casa de Dios, usted me entiende.

—La verdad es que no.

—Ya le digo que mire en Pamplona, que además es donde nació su hermana, como me ha dicho antes. Le recomiendo eso.

El pueblo despertaba y, a pesar de la lluvia, que no había dejado de caer desde la noche, se escuchaba cómo se abrían algunas verjas de los bares que estaban medio secos de reservas. Idoia y su sobrino caminaron rápido hasta el coche. Menudo disgusto se habría llevado su *aita* si todavía viviera. A ella le dolía todavía más por el chico; sentía como si le hubiese utilizado, que así era, al fin y al cabo.

El padre Larzábal cerró la puerta de salida de la ermita, ubicada en el lado derecho de la cruz de su base. Se puso una chapela y miró su reloj de muñeca al tiempo que Idoia aceleraba cuando salía del aparcamiento. Caminó hacia el centro, buena hora para tomarse un vino, debió de pensar el cura, que se torcía un poco más al caminar con las manos cruzadas en la espalda, que solo separaba para saludar a media alza. Se metió en la taberna que miraba a la plaza. En la barra, el dueño todavía parecía gastado del día anterior, pero abrió una botella de rioja que esperaba junto al grifo de cerveza que acababa de cambiar.

—Qué dice, padre.

—Buenas, hijo.

—¿Tiene hambre?

—Bueno, no le digo que no a un pincho de tortilla.

—Ahora la saco, que está Mariví terminándola de hacer.

—Muy bien, gracias. No tengo prisa.

Otro paisano entró en el bar de Aitor. Estaba mojado, pero llevaba una gorra que no se quitó cuando cruzó la puerta. Avanzó hasta una de las mesas del fondo, donde una chica le esperaba con la misma indumentaria. El padre se giró y observó al muchacho, que le devolvió la vista sin hacer ningún gesto. Cuando llegó a su mesa, la chica se levantó y abandonaron la taberna sin que el dueño se extrañara. Entonces, el tabernero se acercó a la mesa del padre Larzábal y le despachó un plato con tortilla recién hecha que humeaba en sus laterales.

—Pues ayer de noche soltaron a Villoslada, al de la Añuri.

—¿Me dices?

—Han pagado una tela de millones.

—Bueno, Aitor, el dinero siempre es mejor que esté distribuido entre los que más necesitan.

—Esos chicos que salieron…

—Sí, la mandaron de Francia, dicen. No es de por aquí.

—Pero el otro me sonaba al hijo de Mikel, ¿no?

—Sí, pero ha estado un tiempo fuera, acaba de volver, no sé si por Navidad.

—Ya, ya.

Después, el cura abandonó el bar. Se dirigió de nuevo hacia la ermita, mientras Deva permanecía en el coche con su compañero. Estaban en el cruce principal de la carretera que comunicaba Lecumberri con Pamplona. Esperaban a ver si se topaban con el Talbot del día anterior. Apenas tuvo tiempo para seguirle por el cambio de turno durante la misión. No sabía su nombre, y esa misma mañana comprobaron que la matrícula del coche era falsa cuando la revisó el capitán González. Deva vio que los sobrepasaba un coche conducido por una señora y un chico joven al lado. Anotó la placa en su libreta y continúo escrutándolo todo. Su compañero sintonizó la radio, donde anunciaban el boletín de última hora:

Esta noche, la banda terrorista ETA ha liberado al empresario industrial Adolfo Villoslada. La banda, en un comunicado enviado al diario *Egin,* anunciaba el cobro de un rescate de trescientos cincuenta millones de pesetas por la liberación de Villoslada, quien ha declarado que los terroristas le liberaron en una zona boscosa cercana a Lecumberri (Navarra). La Guardia Civil sigue en su búsqueda del Comando Nafarroa, responsable de varios actos cometidos en los últimos meses, como el lanzamiento de granadas a la casa cuartel de la misma localidad donde esta noche recuperaba la libertad el empresario navarro.

—Valdés, ¿me oye?

—Mi capitán.

—Vuelvan a la base, por favor. Hemos terminado en Lecumberri, de momento. Tenemos que vernos con la familia de Villoslada lo antes posible.

—Muy bien, mi capitán.

—¿Alguna novedad?

—No, mi capitán. Tengo cuatro matrículas que comprobar, pero, por aquí, todo en orden.

—Muy bien. Nos vemos en el cuartel. Corto.

Deva esperó un instante antes de arrancar el coche. Llevaba estudiando el pueblo más de un mes y lo conocía casi todo de él. El cristal del Ford Escort que conducía parecía un cuadro impresionista, con las gotas de lluvia dejando surcos y un silencio que solo se interrumpía con el derrape de los limpiaparabrisas sobre el vidrio, cada tres segundos, porque la lluvia ni calaba ni era poca. Se iban de Lecumberri sin saber quién era el tipo rudo y fuerte al que no tenían fichado. Después de la liberación de Villoslada, el Comando Nafarroa entraría en un punto muerto, y eso es lo que los investigadores temían, ya que impediría rastrear nuevas pesquisas para terminar con él. Ese sinsabor le recordó por qué había ingresado en la Guardia Civil. Las cosas eran lentas, demasiado en ocasiones.

Después se fijó en el cura, que volvía del bar hacia la ermita. No tenía prisa por mojarse, avanzaba solo en la resaca del día después, con el paisaje empapado, con pasos firmes, pero despacio, como de pueblo, sin prisa, sin miedo. Entró en la ermita antes de que Deva dejara de observarle en la distancia. Una vez dentro, cerró con doble llave la puerta y se dirigió al despacho parroquial. Allí, tras una puerta pequeña de madera, Zubieta esperaba tumbado en un catre. Al oír que se abría, cargó la pistola y se colocó detrás de ella, preparado para disparar ante cualquier amenaza.

—Soy yo, hijo.

Después de abrir, Zubieta le sacó la primera bala a la Browning de nueve milímetros, miró por encima del hombro del sacerdote y cerró la puerta tras él.

—Bueno, ya ha salido en las noticias lo del tipo este. Debes andar con ojo los próximos meses.

—Me vuelvo a Francia, padre. Tengo allí a Ainhoa, mi sobrina, con mi *ama*.

—No sé si deberías quedarte aquí algún día más. Van a descubrir enseguida que eras tú el que trabajaba en la Añuri y que les has podido pasar información. Se van a poner las cosas feas, hijo, contigo.

—Lo sé. Por eso tengo que volver a Francia hoy mismo, padre. Necesito llegar hasta Irún.

—En eso también te puedo ayudar. Tengo un primo allí y no sería raro que después de las fiestas quiera ir a verle. Yo mismo te llevo, eh. Además, mi coche está fichado, saben que soy el cura, no nos pondrán problemas si hay controles. Pero es importante que no te hayan descubierto ya. Vayámonos.

—Está bien, páter.

★ ★ ★

¿A qué huele morirse? Quizá sea esa última brisa que te entra por la nariz a chorro cuando estás a un segundo de que suceda. Puede que sea un aroma de humedad, de lluvia mojada, que ya saben a qué huele, un aire de los árboles, o simplemente el intenso olor pesado que tiene un bar por la mañana, contenido de aire grasiento o de lejía recién incubada.

Para algunos, ese último olor es insignificante porque se acaba la vida. Para los que se quedan, es el último de los recuerdos del que perdieron, de su lo que sea o de lo que fue. Siempre hay alguien de los tuyos que se acerca primero o que quizá acompañaba al que se marcha; en cualquier caso, siempre es un aroma que irá con el que se queda de por vida, aunque el que se va lo hubiese olido también en su último suspiro.

No fue el caso de Adolfo Villoslada, que pudo salir del aroma de bosque y que su pesadilla acabara. Lo habían abandonado en Esquíroz, próximo a Pamplona. Tenía cubierta la cara y las muñecas destrozadas por el nailon que las apresaba. También le habían suministrado un sedante, por lo que, además del malestar de cabeza con el que despertaba, le molestaba el pinchazo que le habían dado tras cubrirle la cabeza con la bolsa de lana. Y claro que se pensó que le podían pe-

gar un tiro en la nuca. Lo tuvo en mente desde el primero hasta el último de los días que estuvo en cautiverio, pero
muy en especial esa noche fría en la que permaneció atado a
un árbol, en un bosque de castaños, pinos y robles. Cuando
abrió los ojos, un vecino de Amurrio cortaba el nudo de su
espalda. El amigo que le acompañaba en el paseo, también
del pueblo, se fue medio corriendo tan rápido como le permitieron sus setenta y pico. Habían salido a setas, pero fue el
primero en avisar al puesto de la Guardia Civil cuando llegó
al bar para llamar al cuartel.

Los hermanos de Adolfo se habían afiliado al Partido
Nacionalista Vasco años antes, por aquello de tener un seguro de vida que les brindara mayor cobertura ante balas o
pólvora. No era fácil ser empresario en el País Vasco en esos
años, cuando la mayoría de los empleados estaban más cerca
de la izquierda *abertzale* que de la empatía por las víctimas de los atentados. Desde hacía algún tiempo, el abanico de
objetivos se abría como la cola de un pavo real, ampliando la mirilla hacia civiles, políticos e incluso niños, como
ocurrió desde el atentado de Hipercor o el de la casa cuartel
de Zaragoza, el 11 de diciembre de 1987, dos años antes de
que el paisano aquel sacara del infierno a Adolfo Villoslada.

Aquella mañana fría, con los árboles de Navidad ya encendidos en las noches de diciembre, Zaragoza vivió una
pesadilla que obligó a España entera a dolerse de una forma
física, como si a todos sus habitantes se les hubiese arrancado
un trozo del cuerpo, de piel, de dentro. Durante la noche,
las temperaturas rozaban los límites soportables. Se alcanza-
ron los tres o cuatro grados bajo cero, pero la sensación tér-
mica era mucho más cruda, por lo que la luz del sol no pensaba levantarse hasta pasadas las ocho. A las seis y cinco de la

mañana, un coche escupía humo denso por el tubo de escape. Desde la avenida de Cataluña, giraba a la izquierda con el embrague a medio tiro por temor a que se calara. Pesaba, no era para menos, pues transportaba tres botellas repletas de tornillos, metralla de plomo y hierro de todo calado, doscientos cincuenta kilos de amonal y un nervio de acero que no le impedía vislumbrar la pared de la casa cuartel.

Henri recordó durante un momento lo que le dijo Paco en Francia, antes de llevar a cabo la acción. Fue al comprobar que, entre la ropa tendida en el cuartel, había algunas prendas de tallas pequeñas que tendrían que ser de niños. Paco les había asegurado que en los cuarteles de la Guardia Civil no vivían familiares. Ya se había comentado, dijo, como si eso fuera una advertencia. Por eso no se detuvo aquella acción que estaban a punto de cometer.

La noche anterior, mientras cargaban las tres botellas de acero e introducían el cordón detonante, Jacques miró a Henri, admirado por lo preciso que era en sus movimientos. Siempre fue como un lobo, y el respeto que le profesaba le mantenía en un bucle del que estaba enganchado. Sentía una mezcla de admiración y miedo por él. Los asientos del Renault 18 y el maletero estaban ocupados. Tuvieron que montarlo dentro porque si no habría sido imposible subirlo después; pesaba demasiado y los neumáticos se dolían contra el suelo mientras avanzaban por la calle paralela al acuartelamiento.

Henri había preparado tres sistemas de iniciación mediante detonadores pirotécnicos. El primer movimiento era tirar de una anilla que accionaba un percutor, y este picaría un fulminante que encendería la mecha. Colocaron tres para garantizar que el mecanismo funcionase en caso que una se apagara y así poder detonar la carga explosiva. Los tubos estaban colocados con la boca abierta hacia el objetivo para que actuasen como auténticos cañones y provocaran el mayor daño posible. Aun con esa preparación, también habían accionado un temporizador que haría explotar la carga a los diez minutos de iniciarse. Estaba garantizado que la bomba estallaría, por a o por b.

Se podía ver algún obrero en la calle camino del curro o del bar. Estos estaban iluminados, creando pequeños territorios que servirían de refugio en la mañana blanca, que era oscura del todo. Txistor había huido algunas horas antes a Barcelona, en el primer tren de la madrugada. La cicatriz que tenía en la cara le servía de escudo para acometer las acciones: era demasiado reconocible. La noche anterior aparcaron los coches con los que huirían a Francia en las cercanías del cuartel. Henri pudo comprobar que allí estaba el Peugeot 205 con el que iban a escapar, mientras avanzaba por el callejón hacia el punto acordado para dejar el coche bomba. Jacques volvió a mirar a Henri cuando vislumbraron el lugar. Tenían un minuto y diez segundos para escapar desde que sacaran las anillas de las bombas. Debían hacerlo con una prisa lenta para evitar cualquier sospecha si se topaban con algún guardia, pero con la suficiente rapidez como para que no les alcanzara la detonación.

Uno de los guardias civiles acababa de llegar a la garita de la puerta del cuartel. Oyó el motor diésel que avanzaba desde el callejón y salió extrañado. Estaba fresco y despierto. Vio un Renault 18 que paraba en una zona prohibida. Le extrañó más cuando comprobó que se bajaban dos tipos y que aceleraron el paso sin mirar hacia atrás cuando el guardia civil les llamó la atención.

—Oigan, que ahí no se puede aparcar. ¡Oigan!

Pero Henri no oía nada. La adrenalina le dejó en un estado de neblina, como si flotara en su cerebro y no fuera capaz de oírse más que a sí mismo. A Jacques le sucedía algo parecido, pero él sí se giró un instante desobedeciendo lo lógico de las normas: no mires atrás, que no te fichen, que no te vean la cara. Era como si el instinto natural le hubiese hecho tropezar con esa instrucción. Henri, sin embargo, ni siquiera hizo una mueca hacia las voces del guardia civil, que en esos segundos se hicieron más fuertes y menos escuchadas.

Al acercarse al coche, el agente vio el humo que desprendían las mechas en su interior. Fue un segundo, un instante, una alerta que le hizo comprender lo que tenía delante. Corrió como pudo hacia la garita, empezó a mover los brazos gritando «bomba, bomba» tantas veces que algunas luces se encendieron en los edificios colindantes. Un cabo vio a su compañero sin poder entenderle, le observaba desde el interior de su coche, que salía del cuartel en ese mismo momento en el que todo se hizo infierno. Porque fue eso lo que pasó.

El coche estalló por los doscientos cincuenta kilos de amonal que empujaron la metralla hacia la fachada de la casa cuartel. Fue tan dura la explosión que la onda expansiva derribó las tres plantas de ese lado del edificio y reventó los cristales de los apartamentos de dos manzanas a la redonda. Todo había desparecido en una bola de fuego que se comió el cuartel y a todos los que estaban dentro de ese lado de la construcción. Murieron seis niños y cinco adultos. Quizá lo último que olieron fue esa peste metálica a la que huele el amonal. Quizá ni siquiera les dio tiempo y solo estallaron en cien trozos para no volver a abrir los ojos nunca más.

Aquella tarde de 1987, Deva Valdés solicitó el ingreso en la academia de guardias jóvenes para ser guardia civil. Ver en televisión un recuadro de féretros blancos con cuerpos de niños inocentes mutilados por no sé qué vaina de la independencia en una democracia moderna fue suficiente motivo para ella. El progresismo es una palabra que suena hueca cuando pasan cosas así cerca de ti.

★ ★ ★

A la mañana siguiente de su liberación, Adolfo Villoslada estaba en su domicilio, junto al capitán González, mientras un grupo de guardias realizaban las pesquisas oportunas. El director de recursos humanos de la empresa entró en el despacho con los expedientes de las bajas que el capitán había solicitado. No querían dejarse ningún detalle. Un nombre había salido a la palestra varias veces, Juan José Zubieta, un empleado que se había dado de baja algunos días después del secuestro del director. Alegaba que había conseguido trabajo en una empresa de la competencia, pero al mismo tiempo había sido señalado por algunos compañeros por sus ideales cercanos a la izquierda *abertzale*. Era un tipo muy grande y fuerte, con una melena frondosa. Eso fue lo que levantó las sospechas de Deva, que acompañaba al capitán mientras le hacían algunas preguntas al empresario liberado.

—Mi capitán, este es el tipo —dijo Deva señalando la foto de Zubieta.

—¿Está segura, Valdés?

—Es el tipo del coche, el que nos indicó cómo salir de Lecumberri. Sin duda, es él. Juan José Zubieta.

—Dé el aviso por radio.

Deva encendió la radio y comunicó con el cuartel de Inchaurrondo.

—Juan José Zubieta, varón, treinta años, metro ochenta y ocho. Se busca por su posible pertenencia al Comando Nafarroa. Urge su captura. Por favor, pasen aviso a todas las unidades.

—Aquí central. Entendido, cabo Valdés.

—Corto.

★   ★   ★

El padre Larzábal avanzaba por la carretera de Guipúzcoa 2134. Era una antigua ruta que soportaba un tráfico muy denso, pues comunicaba Oyarzun con Irún y era utilizada por numerosos camiones que cruzaban a Francia. Detuvo el coche en una curva que daba inicio a una pista forestal para que Zubieta se metiera en el maletero. En Navarra tenían el camino despejado, pero en Guipúzcoa no importaba tanto que el padre Larzábal fuera cura o el mismísimo Dios: cualquier coche era vulnerable y, muy en especial, los que tuvieran matrícula de Navarra después del aviso que había entrado por la radio de la Guardia Civil.

Los controles se apostaban en distintos cruces. Siempre de forma aleatoria. La Guardia Civil se colocaba en las salidas de la autopista o en carreteras mucho menos transitadas. La mayoría los organizaban unidades del Grupo de Acción Rápida o de la Unidad Especial de Intervención, agentes que podían repeler cualquier sorpresa que les brindara el enfrentamiento para el que estaban preparados y que muchas veces deseaban tener.

En Oyarzun, una unidad del GAR llegaba para preparar uno de estos controles. Juanjo, que acababa de ser ascendido a sargento, iba de copiloto en el Nissan Patrol que lideraba la comitiva. Sin detener los coches, tan solo aminorando la marcha, se bajaron un cabo y un guardia del último: uno llevaba varios tetrápodos naranjas; el otro, una cadena de pinchos que inutilizaría las ruedas de cualquier vehículo que no se detuviera en el alto. Fue colocando los tetrápodos uno a uno de manera consecutiva, mientras su compañero extendía la barrera sobre el asfalto. Juanjo se bajó del coche una vez aparcaron, con el Patrol verde oscuro cerrando cualquier salida. Eligieron un punto donde la carretera hacía varias curvas y se posicionaron de tal forma que los conductores que accedían desde el sur no pudieran verlos.

Muchas habían sido las veces en que los pistoleros de ETA dispararon contra los agentes que hacían los controles de tráfico. El primer asesinato de la banda terrorista, por ejemplo, del guardia civil José Antonio Pardines, se produjo en una situación similar. Por esa razón, la Guardia Civil había tomado medidas que pudieran neutralizar cualquier atisbo de violencia. Dos agentes armaron las metralletas y se colocaron a los lados de la carretera, mientras que un tercero se separaba algunos metros de la barrera de pinchos portando un rifle de asalto. También participaban dos unidades en motocicletas, que se apostaron en los caminos de tierra que precedían al control, por si alguno de los coches huía por el monte. Cada vez que detenían un vehículo, tres guardias rodeaban con precaución a los ocupantes, manteniendo el dedo en el gatillo y con el seguro de sus armas quitado.

Desde Irún, el padre Larzábal volvía por esa carretera. Supo enseguida que le iban a parar, pues fueron dos los coches que le dieron las luces largas cuando se cruzó con ellos. Si hubieran montado el control una hora antes, es muy probable que le hubiesen detenido y descubierto a Zubieta en el maletero, pero acababa de dejarle y, en ese sentido, sintió un alivio que no evitó que le provocara una mueca de satisfacción en la cara. Cuando vislumbró el operativo al que se acercaba, el sargento levantó el brazo ordenándole que detuviera el coche.

—Buenas tardes.

—Buenas tardes, agente. ¿Algún problema?

El sargento observó las manos del conductor al tiempo que se fijaba en el alzacuellos del padre Larzábal. Miró levemente a su compañero, solo los gestos de las cejas y los ojos. El otro entendió perfectamente que no era un coche peligroso.

—Detenga el motor, por favor. ¿Me permite su documentación, padre?

—Ahora mismo, agente.

El guardia miró el carné de identidad y el permiso de circulación.

—¿Es usted de Lecumberri?

—Así es, agente. Compartimos la Virgen del Pilar —añadió.

—Puede continuar, muchas gracias.

Tras serle devuelta la documentación, el padre volvió a arrancar el coche. Uno de los guardias le indicó que saliera a la carretera moviendo la mano hacia adelante, mientras era observado desde la mirilla del rifle de asalto del cabo que esperaba tumbado a cincuenta metros del control. El sargento anotó la matrícula del coche del cura, porque procedía del mismo pueblo de donde había saltado el aviso por radio esa misma tarde.

El sacerdote observó por el espejo retrovisor cómo se desmontaba el control a su paso. No podían estar mucho tiempo en el mismo sitio; la experiencia les demostraba que ya se habría dado el aviso para prevenir a posibles conductores que estuvieran moviéndose por la zona. En cualquier caso, esa tarde no tuvieron la suerte que buscaban y, con la misma agilidad con la que llegaron, se subieron a los Patrol para abandonar la zona.

De todos los coches detenidos, solo uno de ellos les hizo sospechar. Se trataba de dos individuos demasiado jóvenes para pertenecer a ETA, pero que con seguridad pertenecían al colectivo *abertzale*. Aunque en estos tiempos las ideas políticas eran lo de menos. Ellos buscaban a pistoleros, a terroristas, objetivos que tuvieran una orden de busca y captura o que se encontrasen fichados como liberados o sospechosos de pertenencia al grupo armado.

★ ★ ★

Zubieta entró por la puerta de su casa de Hendaya.

—¡Hola, *osaba!*

—Hola, nena. *Ama*, ¿cómo se ha portado esta joven?

—Bien, hijo. Todo muy bien. Pero no soy partidaria de que no vaya a la ikastola. Debemos arreglar ese tema.

—Tengo que hablar con una persona. Seguro que nos puede ayudar, aunque ahora debemos evitar hacer ruido, *ama*.

—Bueno, aprovecha entonces para estar con la niña. Debe de estar harta de esta vieja.

—No creo, *ama*. ¿Te has hartado ya de la *amona,* Ainhoa?

—*Ez, osaba.*

—Más te vale.

10

Biarritz, enero de 1990

Zubieta había quedado con un contacto en el aparcamiento de la estación de tren de Biarritz. Se desplazó hasta allí en un autobús de línea para no llamar la atención. Ya le habían localizado y era consciente de que la Guardia Civil le buscaba por colaborar con la banda armada. No sabían hasta qué grado llegaba su implicación, pero, en cualquier caso, su estancia en Francia debía alargarse lo máximo posible. Caminó rodeando el lugar de la cita, cerciorándose de que nadie más le estaba esperando. Al principio no realizaba estas comprobaciones, pero, después del curso que había recibido por parte de Txistor, había aprendido algunas medidas y precauciones que aplicaba siempre que estaba en la calle. Comprobó que su contacto se encontraba junto a la cabina de teléfono, pero, aun así, esperó para ir a su encuentro. Parecía una rapaz, analizando a todas y cada una de las personas que aguardaban o pasaban por la zona. Así siguió hasta que estuvo seguro de no encontrarse con ninguna sorpresa que pudiera terminar con él detenido o, peor, asesinado.

Aunque el GAL ya no operaba en Francia, habían sido muchos los atentados que miembros de ETA sufrieron en suelo francés durante los años ochenta. No solo actuaban agentes de los Cuerpos y Fuerzas de Seguridad del Estado, sino que varias veces operaron distintos grupos de extrema derecha, como el Batallón Vasco Español, que les habían enseñado a ser especialmente prudentes. Las acciones del GAL no impidieron que ETA siguiera operando en Francia con total impunidad, pero no por ello levantaban la guardia.

Zubieta se acercó y le hizo una señal a su contacto desde la esquina de All du Moura. El otro le vio y siguió el camino que Zubieta marcaba, rodeando la estación hasta llegar a la *rue* Alan Seeger. Cuando se encontraron, Pierre, el contacto, le indicó que entrara en el coche que tenía aparcado. Debían ir a la casa donde Zubieta tendría la reunión con uno de los miembros destacados de la banda. Apenas se dirigieron la palabra. Avanzaron medio kilómetro por esa misma calle hasta que tomaron la primera salida hacia Bidart. Antes de abandonar Biarritz, Pierre dio la vuelta para volver en el sentido contrario. Se aseguró de que ningún coche les seguía y giró por la *rue* de Silhoutte hasta detenerse frente a una vieja casa con un frondoso jardín alrededor.

—Te esperan dentro.

—Bien.

El coche continúo y Zubieta observó que alguien vigilaba la entrada desde una ventana. Antes de llegar a la puerta principal, esta se abrió y una mujer le invitó a pasar al recibidor, mientras un hombre bajaba las escaleras de la vivienda. Había al menos cuatro personas en el inmueble, pues desde allí podía escuchar cómo hablaban en francés otros dos tipos que estaban en el salón.

—Espere un momento aquí —dijo la mujer.

En ese instante, la conversación fue subiendo de tono, pero aun así no llegaba a comprender del todo lo que hablaban. Sí que entendió lo suficiente como para saber que estaban cabreados, pues, a medida que pasaban los segundos, el tono de uno se elevaba sobre el del otro, e incluso pudo oír el golpe en la mesa que acababa de dar uno de los hombres. Entonces se abrieron las puertas de madera y cristal opaco que daban paso al salón. La mujer acompañó hasta la puerta a uno de los tipos, que se cruzó con Zubieta en el recibidor, a quien miró, pero no dijo nada. Abandonó la casa al tiempo que Zubieta escuchaba su nombre desde el salón y le invitaban a pasar.

—¿Cómo estás, Zubieta?

—Bien, ya tenía ganas de verte.

—Bueno. Por eso estamos aquí. Disculpa si estaba algo enojado, pero ya sabes. Son demasiadas cosas las que suceden últimamente. No podemos bajar la guardia.

—Creo que me están buscando. No sé cómo puedo seguir siendo útil en esta fase de la lucha.

—Vas a volver a Navarra. Tenemos preparadas varias acciones y es muy importante que prestes tu apoyo y tu conocimiento, Zubieta.

—Tengo algún que otro desajuste, Aitor. A la niña la saqué de la ikastola y todavía no he podido escolarizarla.

—Eso lo podemos arreglar ahora mismo.

Jacques era el tipo que vigilaba desde la planta de arriba. Nunca le había visto, pero se notaba que llevaba muchos años dentro de la banda. La chica que le abrió era su mujer, que también pertenecía a ETA.

—Este es Lehoia. ¿Crees que tu mujer puede ayudarnos con la ikastola para una niña de nueve años?

—Sin problema.

—Bueno, gracias, Jacques. Dile a tu primo que no se mosquee tanto. Y explícale a Zubieta qué procedimiento debe seguir para matricular a su sobrina aquí en Francia.

Zubieta entendió que el tipo que se había marchado era miembro de algún comando de ETA. Solo había entendido la expresión *nous exposons beaucoup, Aitor;* suficiente para sospechar por dónde iba el problema.

—Respecto a las siguientes acciones, necesitamos dar un giro radical, Zubieta. Habéis funcionado bien hasta la fecha, pero es preciso dar un golpe de timón en España. Se avecinan años importantes, ¿entiendes? La Expo de Sevilla y los Juegos Olímpicos serán fechas clave para que podamos conseguir algunas de nuestras demandas del Estado español.

—Por supuesto.

—Quiero que comencéis a ser más duros. Se acabaron los secuestros. Necesitamos víctimas encima de la mesa para negociar.

—Muy bien. ¿Tiene pensado hacia dónde dirigir los objetivos?

—Sí. Te entregarán un dosier con algunos nombres que hemos seleccionado. Es importante que trabajes con cien ojos a partir de ahora. Francia comienza a ser menos tolerante con nuestra causa y no quiero que os relajéis cuando estéis aquí. Debes permanecer lo más oculto posible, y más ahora que tu nombre ha salido a la palestra por lo del industrial ese de tu pueblo.

—Sí, señor.

—Hasta nuevo aviso, quédate en Francia. Jacques te ayudará con el tema de la ikastola de tu sobrina, y aquí tienes un sobre para poder aguantar algunos meses mientras preparáis las acciones futuras.

—Gracias. Diga en la cúpula que estoy dispuesto a todo, Aitor.

—Confiamos en ti, Zubieta. Tenemos que estar más atentos que nunca. Transmitiré a los jefes tu disposición. De todos modos, ya sabes que están muy contentos con el chorro de pasta que conseguiste del industrial.

★　★　★

En los Servicios de Información de la Guardia Civil, todos los flecos que seguían al Comando Nafarroa se habían perdido. Por un lado, Juan José Zubieta había desaparecido por completo. Durante algunos meses, y gracias a la orden que consiguieron de un juez de Guipúzcoa, se había pinchado el teléfono de la casa del principal sospechoso. Pero nadie llamaba. Era como si de un croquis se hubiera perdido por completo una de las raíces; el árbol ya no tenía más puntos de los que poder tirar. No había ni rastro de los integrantes del comando, y solo se sospechaba de Zubieta, que incluso había sacado del colegio a su sobrina después de que Deva estuviera indagando sobre las posibles conexiones que este tendría todavía en España.

—Deben de estar escondidos en Francia, cabo.

—Aun así, tenemos varios contactos suyos, mi capitán.

—¿Por ejemplo?

—El padre de la niña. Él debe de tener relación con ella.

—¿Y habéis conseguido averiguar algo sobre eso?

—No, mi capitán. Además, el tipo sigue con su problema.

—No vamos a conseguir que el juez siga autorizando las escuchas si no le aportamos más datos.

—¿Y qué sugiere que hagamos?

—Tenemos que recabar nueva información, de la forma que sea. ¿Hay vigilancia en el domicilio del hombre?

—Sí, mi capitán, pero de momento no hay rastro de él. Ya sabe las amistades que frecuenta.

—Este tipo forma parte de un comando ilegal y debemos saber dónde se esconde, y, si no, al menos, por dónde se mueve el padre biológico de la criatura.

—¿Y cómo hacemos en Francia, mi capitán?

—Empiezo a tener alguna idea. Necesito ver a la jueza Le Vert.

—¿Mi capitán?

—Perdona. Pensaba en alto. De todos modos, Valdés, seguid al padre por si hubiera algún encuentro con la niña o con su tío.

—Tenemos sus datos. Pero han abandonado Lecumberri.

—No te quepa duda. Estarán en Francia.

—Mi capitán, ¿y la escolarización de la pequeña?

—Por eso necesitamos la ayuda de Le Vert.

Deva abandonó la sala donde tenían organizado el operativo. Por un momento sintió que la pista se les escapaba entre los dedos. La forma en la que habían dado con Zubieta y lo rápido que se desvaneció cuando tuvieron la certeza de su colaboración con el Comando Nafarroa. Bajó hasta la entrada del cuartel, donde estaba el teléfono que utilizaban para sus llamadas personales. Apenas salían de ahí, pues tenían constancia de que eran vigilados por los colaboradores de la banda. Quería hablar con Juanjo. Hacía algunas semanas que estaban distanciados, no solo físicamente, porque uno estaba en Logroño y otro en Irún, sino porque los destinos que ocupaban impedían que tuvieran posibilidad de estar juntos como pareja.

Esa tarde, sin embargo, Deva recogería a Juanjo en el cuartel de Logroño porque les tocaba semana de entrenamiento. Aunque con el GAR nunca se tenía la certeza de nada. Debían estar siempre disponibles, ya fueran vacaciones, entrenamientos o cualquier otra actividad que justificara su estancia en el cuartel.

—¿Crees que algún día podremos ir a Tolouse?

Y se perdieron en la conversación, en las ganas de verse y de contarse algunas de las novedades que no constaran como confidenciales, porque ni siquiera entre ellos se rompía el secretismo de las operaciones que llevaban a cabo. Por eso era más sencillo compartir la vida con alguien que entendiera esa forma de vivir.

Así había conocido a Juanjo unos meses atrás, cuando él participó en la operación que acabó con la detención del Comando Donosti. Ocurrió tras el fallecimiento de un compañero por un artefacto bomba que la banda había colocado en la vía férrea de Legazpia, en Guipúzcoa. Deva acababa de incorporarse a los Servicios de Información y Juanjo era miembro de la primera sección del GAR que llegó después del aviso por la detonación.

En muchos casos, la banda terrorista preparaba una segunda y una tercera bomba para dañar a los guardias que acudían en primer lugar, de manera que, al detonar hasta tres explosiones que preparaban con temporizadores, tenían la oportunidad de causar más bajas en una sola acción. Se arriesgaban menos y obligaban a la Guardia Civil a ser mucho más cauta a la hora de asistir a los heridos.

Aquella tarde, Deva acudió con el capitán González en el coche mientras Juanjo trabajaba en el operativo que buscaba una segunda bomba con uno de los perros entrenados para encontrar explosivos. En esta ocasión, el Comando Donosti solo puso una bomba. Después del operativo, se reunieron con la cúpula de Inchaurrondo, donde Deva daba por finalizadas sus primeras actuaciones antes de salir de permiso. Ella recordaba cómo la miraba Juanjo desde que estuvieron en el lugar de los hechos. A él le cautivó la forma menuda, la discreción que resaltaba todavía más su pelo castaño, su cuidadosa forma de apuntarlo todo, sin llamar la atención ni notarse fuera de lugar. Esa misma tarde le pidió el teléfono y ella, nerviosa y un poco esquiva, se limitó a decirle que debía localizarla en la central de Inchaurrondo, sin dar más pistas ni ponérselo siquiera un poco más fácil.

—Pues habrá que verse, aunque tenga que ir hasta allí —sentenció él.

★ ★ ★

De vuelta en Hendaya, Zubieta intentaba hacer vida normal, aunque aquello significara apenas salir de casa ni verse con nadie que no fueran su sobrina y madre. Tenía la sartén por el mango con su cuñado, el padre de la niña, independientemente de lo poco que este veía a su hija. La hermana de Zubieta había fallecido de un cáncer fulminante. El padre de Ainhoa era un yonqui al que Zubieta despreciaba, razón por la cual se ocupaba de su sobrina. De todos modos, a Zubieta le parecía bien verse de vez en cuando con aquel tipo, aunque solo fuera por la niña. Si dependiera de él, hacía mucho tiempo que le habría metido plomo en las venas en vez de jaco.

Ese sábado, la madre de Zubieta fue la encargada de llevar a su nieta hasta el Txistu, un bar que estaba en el puerto de Hendaya, donde habían acordado verse. Ella era demasiado pequeña para comprender y, aunque notaba su falta, su *amona* se encargaba de aportar la delicadeza y el instinto maternal y paternal que le faltaban a Ainhoa.

Cuando abuela y nieta salieron de la casa, Zubieta recibió la visita del resto de los miembros del Comando Nafarroa, pues debían preparar más acciones, tal y cómo habían acordado con Aitor, el intermediario que la cúpula de ETA tenía para contactar con Zubieta y el resto del comando en Biarritz.

Los días de invierno terminaban demasiado pronto. Por esa razón, la cita tuvo lugar al terminar la hora del poteo, cuando la luz se caía del cielo y se confundían los vinos con el café de los que se retiraban a su casa. La mujer de Jacques había conseguido que aceptaran a la niña en la ikastola, aunque el curso ya estuviera bastante iniciado. Trabajaba de profesora en un colegio de Bidart, en el que miraban con buenos ojos la lucha que se mantenía frontera abajo contra el Estado español. Mientras las dos esperaban, Ainhoa desconocía que iba a ver a su padre. Zubieta estaba avisado de que podría aparecer en el estado habitual de una persona enganchada a la heroína, pero la *amona* opinaba que sería mejor que la niña lo viera así para que no llegara a recuperar el apego perdido.

Un equipo de la Guardia Civil siguió hasta la frontera a Andoni, el padre. Los agentes iban de paisano, cruzaron sin ningún problema y se dirigieron hasta Hendaya tras el Ford Escort en el que viajaba el tipo. Él y su acompañante tuvieron que parar en el puesto fronterizo porque al vehículo le faltaba una luz de cruce. Los guardias avisaron por radio cuando ambos individuos siguieron la marcha, aunque ya la Gendarmería, que también vigilaba sus pasos, había recibido la orden de dejarlos continuar. El Escort despedía más humo de lo normal, llamaba la atención no solo por sus ocupantes, sino por su estado de chapa y motor. Cuando llegaron a Hendaya, el conductor detuvo el coche para que Andoni se bajara y llegara hasta el Txistu a pie. Mientras, Ainhoa esperaba con su *amona* en el malecón del puerto.

Los dos guardias que los seguían detuvieron su coche a una distancia prudencial. No querían ser descubiertos, pero Hendaya era un hervidero *abertzale* y su presencia podría notarse a kilómetros de distancia. Uno de ellos se bajó del vehículo y continuó a pie siguiendo los pasos de Andoni. Llevaba una cámara de fotos colgada al pecho, gorra y un aspecto forzudo que denotaba entrenamiento, por lo que levantó las sospechas en más de uno de los transeúntes que ese sábado, recién llegada la tarde, caminaban de vuelta a sus cosas.

Un tipo se acercó hasta la madre de Zubieta. Fue un instante y le dijo algo al oído que cambió la expresión de la cara de la mujer. Ni siquiera el agente de seguimiento se dio cuenta de lo sucedido. Desaparecieron tan pronto como se alejaba de la oreja de la *amona,* que agarraba el brazo de Ainhoa, y se subieron a un coche que las esperaba, alejándose del puerto, del Txistu y de la misma Hendaya. Ni siquiera les dio tiempo a mirar atrás, y Andoni observó cómo se iban, tan rápido que apenas pudo seguirlas.

Desesperado, el padre amagó con ir detrás, pero pronto se paró. Nunca tuvo las agallas de aferrarse a esa hija que veía perderse en el acelerón de un coche que les separaba de nuevo. Su enganche, su falta, ni siquiera tuvo el valor de evitar que se fuera, porque en el fondo sabía que con su abuela estaba mejor que con él.

El guardia de paisano vio que Andoni volvía y entendió que les habían descubierto. Ahora eran ellos los que tenían que salir de allí. Sabía que habían perdido la oportunidad de dar con el escondite de Zubieta en Francia. Volvió junto a su compañero e informó por radio al cuartel de Inchaurrondo de las novedades. Debían abandonar suelo francés lo antes posible, pues la Gendarmería no permitiría la actuación de un operativo español sin la pertinente autorización.

★ ★ ★

Mientras esto sucedía, Zubieta continuaba reunido con el resto del Comando Nafarroa en un piso franco. Allí estaban Heavy, Susana Arregui, Germán Rubenach y el recién incorporado Javier Goldaraz. Todos ellos permanecían escondidos en Francia desde la liberación de Adolfo Villoslada.

—Debemos guardar los explosivos en una nueva localización —comentó Heavy.

—¿Y dónde tienes pensado hacerlo?

—Lo mejor es la zona de la Foz de Lumbier. Es prácticamente inaccesible y creo que ahí estaremos más seguros para poder esconderlo todo.

—También es importante que cuando accedamos no haya mirones.

—Aitor quiere que actuemos cuanto antes.

—¿Compraste los bidones para el zulo? —preguntó Heavy.

—Sí. Los tengo guardados en la fábrica de un contacto.

—En cuanto la organización nos dé los lanzagranadas, buscaremos un sitio en el paraje ese que dices —contestó Zubieta.

—Muy bien.

En ese momento sonó la puerta. Llamaron dos veces al timbre y seguidamente se escucharon tres golpes. Todos cortaron la conversación de inmediato e incluso Heavy sacó su arma y cargó una bala en la recamara.

—No os preocupéis. Es mi *ama*. Tenemos esa señal.

—No debería vernos a todos aquí, Zubieta —sentenció Arregui.

—Dijiste que estaríamos solos —agregó Heavy.

La tensión se palpaba en el cuarto. Independientemente de quién fuera, el riesgo de que las hubieran seguido era enorme. Rubenach se asomó desde una de las ventanas. Heavy, mientras tanto, esperaba con la pistola cargada y Susana se colocó detrás de una de las puertas del salón y sacó también su arma. Zubieta trataba de calmarlos, pero las medidas de seguridad eran pocas en caso de tener en la puerta a un equipo de intervención de la Gendarmería.

—Son ellas —comentó Rubenach.

—Comprueba que no hay nadie detrás —gritó desde abajo Heavy.

—Por favor, calmaos.

—Joder, Zubieta. ¿Para qué tanta medida de seguridad si luego salen estas dos cuando les da la gana?

—Dejadlas que me expliquen. Deberían haber vuelto en un par de horas.

—No nos pueden ver aquí, Zubieta.

—Por favor, calma.

—Me cago en Dios —dijo Heavy.

Zubieta salió al encuentro de su madre y su sobrina. Abrió la puerta y las metió en el recibidor, comprobando al toque si alguien estaba apostado a los lados del inmueble.

—¿Qué pasa? ¿Por qué estáis aquí tan pronto?

—Teníamos un seguimiento. Nos ha traído el chico ese de Lasarte que vigila en el puerto. Detectaron a una pareja de *txakurras* que seguían al Andoni.

—Joder. ¿Cómo sabes que no os han seguido hasta aquí, *ama?*

—No lo han hecho. Nos ha traído pasando por San Juan de Luz y nos ha asegurado que nadie nos seguía.

—Esperad aquí dentro. Esto es un problema de los gordos.

Zubieta metió en la primera habitación a su madre y a la niña. Una vez cerró la puerta, subió las escaleras hasta el piso donde el resto del comando aguardaba pistola en mano.

—Ya podéis marcharos.

—¿Saben los jefes este trajín que te traes?

—Sí. De verdad que ha salido mal esta vez, pero no se volverá a repetir.

—¿Las han seguido? —preguntó Rubenach.

—*Ez.*

—Pues ahora debemos permanecer más tiempo escondidos. No me fío de nadie, y mucho menos del yonki ese del padre de tu sobrina —aseveró Heavy.

—¡Aquí no pueden tocarnos! —respondió Zubieta alterado.

—¿Eso piensas? A ver si vas a ser al final más tonto que ellos, Lehoia —le recriminó Heavy.

—No me vaciles.

—¿Que no te vacile?

—Podéis salir uno a uno. Las chicas nos os verán las caras.

—Estaremos en contacto. Por precaución, debemos retrasar lo del zulo —espetó Rubenach.

—Tú conoces bien la zona de La Foz, ¿verdad?

—Así es —respondió Zubieta.

—Pues tú nos llevarás. De momento, intenta no volver a cagarla.

—Quien le diga una palabra a Aitor se las verá conmigo —concluyó Zubieta.

Abandonaron la casa por goteo. Fueron saliendo uno a uno los cuatro miembros del comando, mientras la señora y la niña permanecían encerradas en la habitación contigua a la entrada. No eran amigos ni de cuadrilla ni de potear: eran soldados, y cualquier cosa que pudiera ponerles en riesgo era una patada en la entrepierna para cualquiera de ellos. De todos modos, Zubieta les acojonaba un poco. Y no solo por su aspecto físico, que también, sino porque sabían que un tipo así podría hacer cualquier cosa con tal de defender su entorno. Esa era la razón principal por la que ETA trataba de seleccionar miembros para sus comandos que no tuvieran familiares directos. Era más fácil obedecer las órdenes sin hijos o, como en este caso, sobrinas a tu cargo.

★   ★   ★

Deva terminaba la comunicación por radio con la pareja de guardias que se habían introducido en Francia siguiendo a Andoni.

—Mi capitán. No han acudido a la cita.

—Eso es que los han visto, Deva. Ahora permanecerán escondidos más tiempo.

—¿Mantenemos el seguimiento al padre?

—De momento no deberíamos destinar recursos ahí. Ya te digo que esto es señal de que van a estar un tiempo tomando más medidas de seguridad.

—Pero ¿mi capitán?

—Nada, Deva.

11

EL COMANDO ARGALA

Henri y Jacques se desplazaron hasta un punto del sur de Francia para mantener un encuentro con Paco. La cúpula de ETA siempre utilizaba enlaces con los comandos, excepto con este grupo de asesinos que, desde su creación, tenía línea directa con los distintos jefes de la banda y de quienes nadie más tenía conocimiento alguno. Después de la última reunión en la que Paco les forzó a cometer más acciones armadas, apenas habían tenido tiempo para concentrarse en las acciones futuras, aquellas que la dirección de ETA les pedía que aceleraran de cara a la Expo de Sevilla y los Juegos Olímpicos de Barcelona 92. Era la estrategia de la banda para poner en jaque al Gobierno de España y conseguir algunas de sus reivindicaciones.

Desde la ruptura de las conversaciones de Argel, ninguna regla estaba encima de la mesa y la dirección de ETA deseaba conseguir sus objetivos convirtiendo España en un lugar donde nadie pudiera sentirse seguro. Había ciertos rumores en el entorno de la banda sobre posibles fisuras creadas a raíz de las decisiones que tomaba la cúpula. Desde la desaparición de Pertur y el asesinato de Yoyes, sabían que la nueva dirección no aceptaría ningún tipo de contradicción con las decisiones tomadas, y mucho menos ahora que estaba liderada por uno de los tipos con menos escrúpulos en la historia de ETA.

Dos corrientes habían chocado frontalmente en los últimos años. Unos pensaban que seguir atentando no conseguiría ningún avance en la negociación con el Estado español; otros opinaban lo contrario, que cuantas más víctimas hubiera sobre la mesa, más miedo tendría el país a ETA y, por ende, más fácil sería doblegar al Estado. Cuando esto sucedió, algunas voces en el entorno de la organización se sumaron a la opinión de dejar las armas a cambio de aumentar la actividad política y elaborar un discurso que pudiera tratarse en el Parlamento vasco. Por eso, tras la muerte de Txomin Iturbe, la rama que provenía de los comandos *berezis* había tomado el control de la banda terrorista. Al principio, fue Josu Ternera el principal líder, hasta su detención en Francia. Fue entonces cuando asumieron la dirección los miembros que provenían de los *berezis,* que, en su significado de «especiales», se mantuvieron fieles a su política del terror. Estaban liderados por José Luis Álvarez Santacristina, alias *Txelis,* y Paco Múgica Garmendia, e incorporaron también a Fiti, experto en explosivos. Txelis tenía una formación política comunista y fue el precursor de la nueva estrategia que se viviría años después en las calles del País Vasco, la *kale borroka,* que serviría de cantera para los nuevos miembros de los distintos comandos de la banda, muy diferentes de los anteriores pistoleros de la organización. Ya no eran jóvenes que luchaban por unos ideales, instruidos y provenientes de la universidad o con cierto nivel intelectual, como fueron en los años de la fundación. Los de la *kale borroka* eran los más burros del pueblo, los atrevidos, los que tenían menos escrúpulos y también los que se podían dirigir más fácilmente. Obedecerían la orden que fuera sin rechistar ni preguntar. Esa era la ETA que comenzaba a actuar a finales de los ochenta. La ETA que querían.

Ese día, Henri y Jacques se reunirían con Paco por primera vez, ya que nunca antes habían mantenido contacto con los tres jefes de la banda. Se vieron en un lugar entre Tarbes y el santuario de Lourdes, en una dirección nueva que Paco había hecho llegar a Henri a través de una carta con matasellos de Francia y que el correo ordinario galo llevó hasta una dirección postal del propietario de un restaurante de Bidart. Al llegar, los dos franceses comprobaron que nada era anormal en las inmediaciones de la casa. Paco estaba con uno de sus guardaespaldas, quien les abrió la puerta antes de que les diera tiempo a tocar el timbre.

—La última vez que nos vimos te noté enojado, Unai.

—Llevamos más de diez años realizando acciones en España, Paco, y últimamente estamos actuando demasiado.

—Bueno, vamos a cambiar de destino. Olvidaos por una temporada de Madrid. Quiero que hagamos una acción especial en Sevilla, pero será una de verdad, importante, y necesito de vuestra profesionalidad.

—¿De qué se trata?

—Quiero que voléis la Jefatura Superior de la Policía, allí, en Sevilla.

—¿Tan arriesgado, Paco? —preguntó Jacques.

—Si demostramos que somos capaces de volar un edificio tan importante y vigilado, el Estado español se dará cuenta de lo que podríamos hacer en la Expo del año que viene. La presión internacional sobre el Gobierno provocará que negocien con nosotros y tendremos una posición de fuerza en la mesa.

—¿Y cómo quieres organizarlo?

—Pues deberías ir a estudiarlo, si es posible.

—Claro que es posible —apostilló Unai.

—Sois el único comando que en diez años no ha sufrido ningún percance. Para algo tan gordo solo me fio de vosotros.

—Muy bien. Iremos a Sevilla para estudiar la *ekintza*.

—Pues cuando tengáis la información suficiente, organizaremos el resto.

—Lo haremos este mismo fin de semana. ¿Volvemos a vernos aquí el próximo viernes?

—En principio, sí. Si hubiera cualquier cambio, el paisano de Jacques os lo notificará.

—Haremos así, entonces.

El viernes Jacques y Henri salieron rumbo a Sevilla. Se alojaron en un hotel de la avenida de los Reyes Católicos de la ciudad hispalense, con nombres y documentación falsos que consiguió Jacques gracias al responsable del comando que tenía un contacto en una papelería de Anglet. El sábado por la mañana, tras abandonar el hotel de tres estrellas, se dirigieron a la avenida de Blas Infante, donde se encontraba el objetivo. Acudieron en un vehículo alquilado de la agencia Hertz de Biarritz. No querían dejar rastro alguno y la coartada de turistas franceses era la mejor y más utilizada por la pareja.

Llegaron hasta allí rodeando el recinto ferial de la ciudad, por la calle de Rubén Darío. El edificio, cercano al barrio de los Remedios y que lindaban con un enorme parque, estaba abarrotado de unidades y de efectivos policiales. La situación serviría para pasar desapercibidos en su búsqueda de posibles alternativas para la huida, puesto que desde los Remedios a Triana solo les separaban unas pocas manzanas y, en caso de ser descubiertos, tendrían también a mano la carretera nacional que bordeaba el río para coger la S-30.

No dibujaron ningún plano ni croquis, eso hubiese llamado la atención en caso de ser descubiertos, pero tampoco lo necesitaban, ya que Henri era un prodigio a la hora de memorizar calles y mapas. Tenía la mente y la sangre demasiado frías como para cometer errores de principiante. Observaron los horarios y la confluencia del tráfico en los distintos puntos que rodeaban al objetivo. Tras permanecer en las inmediaciones durante todo el día, regresaron al hotel para descansar antes de repetir la misma acción al día siguiente.

Decidieron salir a cenar en otra zona para que la gente no recordara sus perfiles ni tampoco sonaran demasiado sus caras en caso de tener algún problema el día de la *ekintza,* que decidieron fijar para la primera semana del mes de abril.

Al día siguiente volvieron a Francia. Ninguno de los dos quería levantar sospechas faltando a su trabajo, por lo que debían realizar la vigilancia y el atentado en fin de semana. Cruzaron España del tirón, sin detenerse salvo para repostar, comentando algunos detalles sobre el punto exacto donde colocarían el coche bomba y sin temor alguno a ser descubiertos, puesto que no dejaban flecos de los que las autoridades pudieran tirar. Llevaban años trabajando juntos, se conocían a la perfección y, aunque no eran primos, tal y como decía Paco, eran dos auténticos asesinos.

Henri (Unai para la banda) había nacido en Argel en 1958. Sus padres, ciudadanos franceses, tenían conexión con Argelia de los años en que fue colonia francesa, por lo que sus viajes a ese país eran constantes. A mediados de los setenta, comenzó a frecuentar, en Bayona, los ambientes de la izquierda *abertzale*. En 1978, en una de esas tardes de bares y reivindicaciones políticas, conoció a Argala, que le pidió que se reuniera con él, Peitxoto y Txomin Iturbe en una casa situada en las proximidades de la antigua estación de Biarritz. Aquella misma tarde conoció a Jacques y a Txistor Haramboure, a quienes ofrecieron la posibilidad de formalizar un comando para realizar acciones en Madrid. También le indicaron que Txomin, que entonces era el jefe del aparato militar de ETA, sería su responsable directo.

Jacques vivía en San Juan de Luz y estaba casado con una profesora de ikastola que, además, era propietaria del bar Mayte, sito en la misma localidad francesa. El tercero de ellos, Txistor, vivía en Bayona y trabajaba de representante de una empresa de productos asfálticos.

Cuando los tres aceptaron integrarse en dicho comando de ETA, Txomin les presentó a Mamarru, que fue el encargado de darles un cursillo de explosivos en una casa en Bayona que pertenecía a un colaborador de la banda. Después recibieron otro curso para el manejo de pistolas y fusiles, trasladándose a un bosque de Las Landas para hacer prácticas de tiro. De aquello habían transcurrido doce años.

Durante todo este tiempo, y debido a su nacionalidad francesa, los Cuerpos y Fuerzas de Seguridad españoles no tuvieron ningún control sobre sus acciones. Era un comando itinerante; entraban en España, cometían sus atentados y, acto seguido, continuaban con sus vidas en Francia sin llamar la atención. No se parecía en nada al patrón que seguían los demás comandos. Además de que todos eran franceses, el *modus operandi* era completamente distinto. Cuando murió Txomin Iturbe, y desde que fracasaron las conversaciones de Argel, la actividad del Comando Argala fue creciendo a medida que los nuevos líderes de la banda buscaban cada vez mayor difusión y alcance en los atentados que perpetraban en España. Ningún miembro de ETA tenía conocimiento de la existencia de este comando, lo que permitía que no hubiera pistas sobre sus actuaciones que acabaran con la detención de alguno de sus integrantes.

Unos días después se vieron con Paco, tal y como habían acordado la semana anterior. Un colaborador de la banda acudió al bar Mayte para cambiar la ubicación de la reunión. Paco era tremendamente cauto a la hora de moverse y decidió recibir a Henri y a Jaques en un piso situado en pleno santuario de Lourdes. El lugar estaba abarrotado de turistas y era sencillo pasar desapercibidos entre los que buscaban un milagro para sus enfermedades y los que ayudaban y socorrían a los enfermos en su peregrinación. La gruta de Massabielle, que estaba pegada al lugar de los milagros, era un enorme socavón en la montaña que tenía cientos de muletas colgadas en la pared en homenaje a los muchos pacientes que aseguraban haberse curado después de sumergirse en las aguas del milagro. La leyenda contaba que la Virgen María se apareció hasta dieciocho veces en 1858 a Bernadette Suobirous en esa gruta y que, después de algunas curas que tuvieron lugar durante el siglo XX, el lugar se convirtió en uno de los principales focos de peregrinación de la religión católica.

El piso donde se vieron estaba al otro lado del río Ousse, que dividía la población de Lourdes en dos. Nada más llegar, una lugarteniente de Paco, que les esperaba junto a un bar, les hizo una señal para que la siguieran hasta el lugar convenido. Miraban hacia detrás, sabiendo que era casi imposible que les hubieran seguido, aunque Henri sospechaba que, de existir algún tipo de seguimiento, este sería por la importancia que Múgica Garmendia tenía para la Guardia Civil y la Gendarmería francesa. Una vez en el apartamento, la mujer se acercó a una de las ventanas que daban al exterior y ahí se mantuvo vigilante durante toda la conversación.

—Bueno, ¿entonces?

—Hemos estado en Sevilla y creemos que es posible llevar a cabo la *ekintza*. Tenemos claros también el lugar donde colocar el coche bomba y la ruta de escape.

En la casa había una segunda mujer que, cuando Paco fue a buscarla, trajo consigo dos sobres que contenían las llaves de sendos coches robados previamente por colaboradores de ETA, y que estaban aparcados y preparados en las inmediaciones de la ciudad hispalense.

—Tenéis dos coches aparcados en un garaje en las afueras de la ciudad, en Dos Hermanas. Un Renault 14 rojo y un Renault 11 negro.

—Bien.

—También hemos dispuesto trescientos kilos de amonal, que están guardados en un zulo. Aquí tienes la dirección y el mapa para poder desenterrarlos.

—Muy bien, Paco.

—¿Cuándo haréis la *ekintza?*

—El 2 de abril, si todo va bien. Cuenta más o menos que será esa semana, día arriba o abajo, según esté el entorno.

—Muy bien. Menos mal que tú no saliste como tu hermano Jon.

—Ya hablaremos de eso, Paco. Mi hermano estuvo casi nueve años dándolo todo, hasta que prefirió la vía política.

—Pero en ETA no permitimos las fisuras. ¡Que no se te olvide!

—Aquí estoy.

—Bueno, pues dejemos que la cosa siga fluyendo entonces.

—Eso haremos. Las próximas acciones darán que hablar.

—*Gora ETA!*

—*Gora!*

★ ★ ★

Los Servicios de Información continuaban sus pesquisas sobre los distintos comandos que operaban en España. Tras perder la pista al Nafarroa, el capitán González había dispuesto el seguimiento al Comando Donosti, uno de los más sanguinarios de la banda, que mutaba constantemente con nuevos miembros liberados para intentar confundir a los analistas de datos del Instituto Armado. Estos sospechaban que se cocía algo importante.

Durante los primeros meses de 1990, la banda había conseguido perpetrar dos atentados en San Sebastián, el del teniente de la Armada Aureliano Rodríguez y el del funcionario de prisiones Ángel Mota. Las dos muertes se produjeron mediante disparos por la espalda, y la prioridad en el cuartel de Inchaurrondo era cortar el hilo que la banda tenía en San Sebastián, bastión principal de la lucha armada. Dos años antes, la Guardia Civil logró desarticular el comando y detuvo a catorce personas, todas miembros activos de la banda, pero era evidente que se había vuelto a formar; los asesinatos cometidos en marzo demostraban la rapidez con la que ETA podía reorganizarse en esa provincia.

—Hay un enlace que suele estar presente en los ambientes de la izquierda *abertzale* y que viaja a menudo a Francia —explicó Deva a su capitán.

—¿De quién se trata?

—Es una mujer de nacionalidad francesa. Se llama Margot Lafache.

—¿Qué datos tienes para coronar dicha información?

—Pues que ha cruzado la frontera en tres ocasiones este mes.

—¿Podemos hacerle algún seguimiento?

—Estoy en ello, mi capitán.

—Esta tarde marcho a Madrid. Tengo una corazonada, y quiero contarle a la jueza Le Vert lo que necesitamos de su ayuda en Francia.

—¿Qué quiere que haga, mi capitán?

—Déjame la ficha de esa ciudadana francesa. Veré cómo pueden colaborar los galos. Aunque la cosa no será fácil, tengo la sensación de que Le Vert nos ayudará cuando le enseñe los últimos informes.

—Aquí tiene, mi capitán.

—Bien, espero que podamos volver de otra manera, Deva.

—¿Podamos?

—Sí, te vienes conmigo a Madrid.

—A sus órdenes, mi capitán.

—Salimos en dos horas. Tengo que ir a Inchaurrondo a informar al teniente coronel Galindo de las novedades. Y, por favor, Deva, reúne los informes policiales del atentado de Zaragoza, de Hipercor y de los ataques de la banda durante 1989. Necesitamos enseñarle la barbarie a la que estamos sometidos.

—A sus órdenes, mi capitán.

★ ★ ★

—*Osaba,* ¿por qué apenas salimos de casa?

—Pues porque hay muchos hombres malos que pueden hacernos daño.

—¿Son las ánimas y las *sorginas* que me contó *amona?*

—Así es, niña.

—Es que nunca vamos a pescar ni al monte.

—¿No recuerdas aquello que te contó sobre Amalur?

—Sí.

—Pues es justo ahora cuando más cuidado debemos tener.

—Y a *aita,* ¿ya nunca le vemos?

—Ya te he explicado que está enfermo y que debe curarse para poder verte bien. Pero no temas, pequeña, la *amona* ha colocado otra *eguzkilore* para que los monstruos no puedan venir aquí.

—Pero es que tengo miedo de cómo suena el viento esta tarde.

—Pues verás, para eso tenemos un truco que alejará de nosotros el viento que sopla hoy tan fuerte en Hendaya. Dice así:

Inguma, henauk hire bildur, Jinkoa eta Andre Maria, artzentiat lagun.
Zeruan izar, Lurrean belar, Kostan hare.
Hek guztiak kondatu arte, echaidela nereganat ager.

(Inguma, no te temo. A Dios y a la Virgen María tomo por protectores.

En el cielo las estrellas, en la tierra la hierba y en la costa la arena.

Hasta haberlas contado todas, no te manifiestes).

★   ★   ★

El 2 de abril, Henri Parot viajó en su Renault 11 particular hasta Sevilla. Ya lo había hecho antes Txistor, que alquiló para la ocasión un Renault 25 en Bidart. Jaques también viajó con su Ford Escort, pues tenían planeado huir por distintas rutas tras el atentado. Cuando llegaron a Dos Hermanas, recogieron los coches que Paco había dispuesto para ellos. Utilizando el plano que les había dado en su último encuentro en Francia, localizaron los bidones enterrados con los trescientos kilos de amonal y utilizaron el garaje alquilado para poder montar la carga explosiva. No había dudas entre los tres integrantes del Comando Argala, Henri sería el encargado de conducir el Renault 14 rojo con la bomba hasta la Jefatura Superior de Policía de Sevilla. Lo habían hecho tantas veces que apenas notaban el nervio por lo que se venía encima.

Estuvieron manipulando las bombonas, a las que un temporizador haría estallar, y procedieron del mismo modo que en el atentado contra la casa cuartel de Zaragoza, dirigiendo las salidas hacia la fachada del edificio para cometer una verdadera masacre, como si fuera un cañón directo hacia su objetivo. Durante el proceso, ninguno de ellos se dirigió la palabra. Actuaban con una profesionalidad que no dejaba lugar a las bromas o a comentarios ajenos a la acción que iban a llevar a cabo. Uno de los objetivos era la sede de la Policía y Jaques dejaría otro de los coches bomba en las inmediaciones de Construcciones Aeronáuticas. Mientras tanto, Txistor aparcó el coche en el que huirían muy cerca de la calle Pastor esquina Landero. El plan no tenía fisuras. Decidieron acometer las acciones de manera conjunta para volver a Francia esa misma tarde y continuar con su vida normal. Cuando terminaron de repasar el procedimiento, cada uno se fue con su coche hacia Sevilla.

Henri entraría desde la Ruta de la Plata y dejaría que Jaques utilizara la carretera directa que unía Dos Hermanas con la ciudad. Salieron del garaje donde habían preparado los dos coches bomba cuando no eran ni las diez de la mañana. Se habían pasado la noche en vela montando los mecanismos y repasando minuciosamente los planes.

Quedaron en verse de nuevo a las dos de la tarde para poder escapar en el coche que Txistor había aparcado para ellos, y después volverían a coger sus vehículos particulares para regresar a Francia el martes, ya que Henri y Txistor habían pedido el Lunes de Pascua de vacaciones en sus respectivos trabajos. También pensaron que, al ser un lunes por la mañana, los posibles encuentros con los agentes de la autoridad serían mucho menos probables. Aun así, todos llevaban encima sus armas; en el caso de Henri Parot, una Sig Sauer con capacidad para dieciséis balas.

La Guardia Civil de la Comandancia de Sevilla organizaba algunos controles de carretera para ensayar de cara a la Expo 92. También aprovechaban para cortar las rutas de tráfico de droga y por si hubiera algún vehículo sospechoso que tuviera una orden de detención. Uno de esos controles se había montado a las once de la mañana a la altura de Santiponce, en la entrada por la Ruta de la Plata. Fue un cambio de última hora en el cuartel, completamente aleatorio, porque la primera intención del operativo era montar el control en Camas. Sin embargo, cambiaron los planes sin ninguna razón lógica o, al menos, premeditada.

El Renault 14 rojo conducido por Henri se acercó a la cola de coches que se detenía a un kilómetro de donde él estaba. Como era lunes, lo primero que pensó es que se trataba de un accidente o de algo que no tuviese que ver con la Benemérita.

Pronto descubrió que un par de coches de la Guardia Civil estaban parados en el arcén, evitando que alguno de los ocupantes de los vehículos pudiera tirar al asfalto algo que le comprometiera si resultaba detenido. Enseguida entendió que se trataba de un control de carretera y observó que los conductores que le precedían detenían la marcha formando una especie de embudo por el que debía pasar. Ya no le daba tiempo a corregir ni a tomar ninguna de las salidas, y observó los pirulos de los coches de la Guardia Civil encendidos y a varios agentes que hacían parar a los vehículos aleatoriamente, aunque acercándose lo suficiente a las ventanillas como para vislumbrar el interior de los mismos.

Henri ya había superado otros controles, en especial después de las acciones cometidas en Madrid. Su pasaporte francés y el zulo que había fabricado junto a Jaques en el salpicadero siempre le ayudaron a esquivar las miradas de los agentes. También su sangre fría, puesto que no le temblaba ni un poco el pulso cuando se trataba de salir de una complicación de tal calibre. Miró atrás y comprobó que las bombonas se veían; no cabían en el maletero y necesitaron tumbar los asientos traseros del coche. Solo con que se fijaran un poco, los agentes se darían cuenta de que aquellas bombonas metálicas no eran habituales en el coche de un ciudadano francés. El plástico negro que las cubría no pasaba inadvertido, y los ocho guardias que esperaban su turno para controlar enseguida sabrían lo que llevaba encima.

Dominado por su instinto, y sabiendo que esta vez no le ayudaría hablar en francés para hacerse pasar por turista como en otras ocasiones, sacó su pistola y la cargó justo en el momento en que uno de los agentes le ordenaba bajar la ventanilla del coche. Primero pensó en detonar la carga, pero la explosión habría acabado también con su vida. Fue en ese segundo, o milésima de segundo, cuando comprendió que su única salida era huir a pie, dejando el coche allí quieto, e intentar que los agentes no le capturaran. No lo pensó dos veces y abrió la puerta del conductor ante la extraña mirada del agente que le había ordenado detenerse. Los compañeros, alarmados por la acción, corrieron hacia él, pero entonces Henri apuntó con su arma y, con mucha menos precisión de la que era habitual en él, comenzó a disparar, hiriendo en la pierna a uno de los guardias. Tres agentes pudieron cubrirse mientras sacaban sus armas reglamentarias y otro contestaba los disparos con una ráfaga que impactó en la puerta del Renault, que Henri había dejado abierta para intentar cubrirse en la huida. Su error no fue solo disparar las dieciséis balas con las que contaba su Sig Sauer, sino quedarse sin munición sin darse cuenta y rodeado de guardias. Estos se abalanzaron sobre él por el lado derecho del coche, inmovilizándole mientras los ocupantes de los demás vehículos se agachaban para esquivar el inesperado tiroteo.

Uno de los agentes comprobó el interior del Renault y, al descubrir las bombas bajo el plástico negro, comenzó a gritar para avisar del peligro de una explosión. Levantaron el control para que los coches pudieran salir lo antes posible. Nadie era consciente de lo que pasaba, ni mucho menos sospechaba que acababan de detener a uno de los miembros más veteranos de ETA, quien, por ser francés, no encajaba en los perfiles habituales de los miembros de la organización.

★ ★ ★

—Mi capitán, es urgente —interrumpió Deva.
—¿De qué se trata?

—Acaban de detener en un control rutinario en Sevilla a un ciudadano francés que dice ser miembro de ETA.

—¿Has dicho francés?

—Así es, mi capitán.

—Prepare el coche. Nos vamos a Madrid.

Un segundo después, el capitán González llamaba a Inchaurrondo para informar al teniente coronel Galindo.

—Mi teniente coronel, han detenido en Sevilla a un terrorista francés con el coche cargado de bombas. Dice ser miembro de ETA.

—¿Francés?

—Sí, mi teniente coronel. Al parecer, llevaba el coche con una carga explosiva de enormes dimensiones.

El teniente coronel Galindo preparó el operativo desde Inchaurrondo. Debían rastrear pistas de posibles miembros de ETA que hubieran estado en Sevilla al mismo tiempo que el detenido. Localizaron el otro Renault negro en las inmediaciones de la empresa que pretendían volar. Permitió su identificación el cruce de datos de coches robados, y una pareja de la Policía Nacional que participó en el desarrollo de ese lunes, que por poco se vuelve negro del todo, reconoció la matrícula. La Policía y el grupo de desactivación de explosivos evitaron la masacre aquel Lunes de Pascua en el que Sevilla se hubiera teñido de rojo como nunca antes lo había hecho.

Desde Santiponce, los agentes llevaron a Henri Parot hasta la Comandancia de Sevilla y esperaron a que llegara el helicóptero que trasladaría al terrorista hasta la Dirección General de la Guardia Civil, en la calle de Guzmán el Bueno de Madrid. Ninguno de los guardias civiles de Sevilla conocía lo importante que era el tipo al que acababan de detener, aunque, por la «sorpresa» que llevaba en el coche, se dieron cuenta de que se trataba de un caso extraordinario.

★ ★ ★

En Hendaya, Zubieta miraba la televisión en su casa junto a su sobrina. Los informativos franceses se hicieron eco de la noticia, pues se trataba de un compatriota.

—No, no, no…

—¿Qué ocurre, *osaba?*

—Nada, Ainhoa. *Ama,* llévate a la niña, rápido.

Zubieta acudió al buzón que tenía acordado con Aitor, que se encontraba en un parque cercano a su casa. Debía comunicarse lo antes posible con su enlace y tratar de obtener alguna información de lo que acababa de ver por la televisión. Caminó hasta el pino que escondía en su parte baja la piedra marcada. Al quitarla, Zubieta cavó hasta dar con el tarro de cristal en el que escondía los mensajes que iban dirigidos a Aitor. Había uno con un número de teléfono de una casa de Francia. Zubieta volvió a dejar el buzón como lo había encontrado y buscó la cabina telefónica más cercana. Nada más llegar, se aseguró de que nadie le hubiera seguido y marcó el teléfono que acababa de encontrar. Contestó Margot, quien no solo actuaba de enlace con la cúpula de la banda, sino que era la pareja del jefe.

—No me llames, Lehoia. Hasta nuevo aviso, será mejor que perdamos el contacto.

—Pero ¿estos eran franceses? ¿De qué va esto?

—Ya escuchaste a la dirección. Debéis continuar con las acciones en Navarra lo antes posible, ¿entendido?

—Sí.

—Nos pondremos en contacto contigo en breve. Mucha precaución, Zubieta. Recuerda que debes hablar con Aitor, no conmigo.

—Pero el número de teléfono lo acabo de sacar del buzón.

—No era para ti. Era para Aitor. De todos modos, cortamos las comunicaciones.

Margot colgó el teléfono. Lo raro es que hubiese contestado ella, pero Zubieta fue muy rápido en llamar, lo suficiente como para no darle tiempo a Paco a cambiar de escondite. No sabían si Henri habría contado algo, como sus últimos encuentros con el jefe de la banda. Cuando un miembro era capturado por la Guardia Civil, se iniciaba un movimiento de mudanzas, de cambios de línea, de costumbres, y todo el que tenía contacto con el detenido entraba en modo silencio total.

12

MADRID, DIRECCIÓN GENERAL DE LA GUARDIA CIVIL

Deva y el capitán González cruzaban la ciudad de Burgos camino de Madrid. Antes de salir de Irún recogieron los informes de varios atentados de los que carecían de datos respecto a la autoría. Habían atribuido algunos de ellos a comandos desarticulados que negaban su participación en los mismos, cosa que por otro lado era habitual, aunque hubieran sido los culpables. Entre ellos, el asesinato de la fiscal Carmen Tagle o el terrorífico atentado que se produjo en Zaragoza, que hasta la fecha adjudicaban al Comando Araba. Sin embargo, desde que supieron que el detenido era un ciudadano francés, el capitán viajaba envuelto en un mar de dudas. No podía entender cómo era posible que un ciudadano galo fuera miembro de ETA. Era lo nunca visto hasta ese momento.

La carretera estaba repleta de camiones, de gente normal que hacía su vida sin saber que la comitiva que la adelantaba vivía en un mundo paralelo entre la vida y la muerte, por mucho que a ellos les tocase también la lucha. Desde hacía tiempo, cualquier persona era susceptible de ser una víctima de esta guerra. Los límites de velocidad no fueron un problema, pues llevaban los rotativos encendidos y tenían mucha prisa por llegar. Deva miraba de reojo al capitán, que parecía absorto mientras intentaba perfilar en su cabeza algún hilo del que tirar.

Según el jefe de la Comandancia de Sevilla, con quien el capitán González estableció más de una llamada por radio desde que salieron, el detenido se encontraba sereno y tranquilo. Muy pocos eran conscientes de la masacre a la que habrían sometido a la capital hispalense, de no ser por un simple cambio en la situación del control. Deva estaba impresionada por cómo una casualidad había evitado tanto dolor. El capitán González le habló entonces, por primera vez, de Josu, un contacto que fraguaron algunos años antes y que captaron para que se infiltrara en ETA a finales de los años ochenta.

—No teníamos constancia alguna de que existiera un comando itinerante operando desde Francia. Ni siquiera Josu nos pasó información al respecto.

—¿Quién es Josu, mi capitán?

—Cabo, debí contártelo antes. Pero no podemos tolerar que se entere nadie más que tú y yo, ¿entendido?

—Por supuesto, mi capitán.

—Es del todo confidencial.

—Por supuesto.

La historia de Josu era fundamental para entender algunos de los golpes que la Guardia Civil había dado a ETA desde 1987. En concreto, comenzó a colaborar con ellos un par de años antes de la llegada de Deva, pero tan solo tenían conocimiento de su existencia el capitán González y dos superiores suyos del cuartel de Inchaurrondo.

Hasta la llegada de Galindo a la Comandancia de Guipúzcoa, la Benemérita luchaba contra lo que tenía delante; es decir, no se buscaba más información más allá de lo obvio: si encontraban un comando, lo desarticulaban; si sabían de un colaborador, lo interceptaban, pero nada más. Galindo, sin embargo, comenzó a modificar la técnica tratando de mantener seguimientos, buscar contactos y dejar que los sospechosos se movieran para analizar sus relaciones y conseguir órdenes judiciales para pinchar teléfonos. Incluso hacían vigilancias que les pudieran conectar con otros miembros activos de la banda. Así conseguían averiguar quién les marcaba los objetivos, dónde entrenaban, cuándo estaban activos y hasta dónde se escondían después de algunas acciones menores.

El caso de Josu no fue el primero en la lucha contra ETA, pero sí el más profesional. Fue a finales de 1986 cuando el capitán González seleccionó diferentes perfiles a los que ofrecía dinero a cambio de infiltrarse en ETA. Había dos maneras. La primera consistía en proporcionar a modo de nómina unos ingresos y la segunda, que fue la que Josu aceptó, consistía en realizar pagos según los éxitos conseguidos. A él le ofrecieron diez millones de pesetas si lograba acceder a un comando de ETA.

Josu participó de manera directa en la desarticulación del Comando Vizcaya, siempre respondiendo directamente ante el capitán González. Todo comenzó unos años antes, cuando el joven ingresó en la Academia de Baeza. El capitán se fijó enseguida en él, ya que hablaba muy bien francés, porque había nacido en Estrasburgo, aunque sus padres tenían un pasado familiar en el País Vasco. De cualquier modo, no conocía del todo bien el euskera y su acento era marcadamente francés cuando hablaba en español. Pero lo más llamativo era que el propio Josu quiso formar parte de la Guardia Civil, un detalle que el capitán González aprovechó especialmente y que traería enormes avances en las investigaciones que comenzaban a realizarse en Inchaurrondo.

Lo primero y más importante era solucionar el problema del idioma. Nada más terminar su formación como joven guardia, el capitán sugirió que se apuntara a unas clases de euskera en San Sebastián. Se movía por algunos ambientes propicios de la izquierda *abertzale* y enseguida supo dónde podría tomar clases, además de entrar en contacto con ciertas personas relacionadas con ese ambiente.

También prepararon una coartada que explicaba que el pasado del joven y su nacimiento en Estrasburgo se debieron a presiones políticas que obligaron al exilio de sus padres en dicha ciudad. Uno de los profesores que tuvo era un colaborador de ETA del que enseguida se ganó la confianza. Aunque el acceso a la banda no fue rápido, pronto comenzó a potear y a acudir a manifestaciones a favor de los presos de la banda y a otras reuniones que organizaban grupúsculos de la sociedad vasca. De esta forma, Josu fue ganando presencia y, unos meses más tarde, comenzó a colaborar con la banda terrorista, al principio como conductor para llevar mensajes de Francia a España y recogiendo los correos que hubiera en los buzones. Y, sin embargo, el hermetismo de la dirección de la banda sobre el Comando Argala era tal que nadie tuvo constancia alguna de su existencia.

—Ya te contaré más cosas cuando volvamos a Irún, Valdés.

—Estamos a cinco minutos de Guzmán el Bueno.

Nada más entrar en la Dirección General de la Guardia Civil, el capitán González y Deva subieron hasta la tercera planta, donde estaba la Unidad de Servicios Especiales que luchaba contra el terrorismo desde Madrid. Este grupo participaba en toda la península; no se limitaba a un territorio concreto, sino que, de manera general, reunía la información que las distintas comandancias aportaban sobre sus investigaciones de ETA. Se trataba de un equipo autónomo que tiraba de todos los flecos posibles que iban quedando sueltos, aunque no estaba tan especializado como los Servicios de Información de Irún, que peleaban cara a cara y a diario contra la banda y que tenían una visión global que conseguía unir las conexiones entre los distintos comandos que operaban en la península. Aun así, poco a poco, en los Servicios Especiales se fueron integrando los agentes que provenían de Irún, de Inchaurrondo y de otras zonas especializadas.

A los pocos minutos, una comitiva de coches entró en la Dirección General procedente del aeródromo de Tres Cantos. Un equipo de los Servicios de Información llevaba detenido a Henri Parot, acompañado de varios agentes que habían hecho el viaje desde la capital hispalense. No había tiempo que perder y desde la central se solicitó que un juez y un abogado se personaran para tomar declaración al detenido. Finalmente, debió posponerse al día siguiente, pues el horario y la premura no permitieron que los juzgados de guardia dispusieran de los efectivos requeridos.

Deva aprovechó entonces para salir a tomar algo con varios compañeros. Aunque no era un motivo del todo para celebrar, sí lo era para estar contentos, todos necesitaban descomprimir la tensión.

—Mi capitán, ¿quiere venir a cenar algo?

—No puedo, Valdés. Debo comunicarme con el jefe de antiterrorismo de Francia. Las cosas van a cambiar a marchas forzadas.

—¿Necesita que me quede?

—En ningún caso, cabo. Vaya, que mañana será un día largo.

★ ★ ★

Jaques y Txistor pudieron escapar de Sevilla. Supieron de la detención de Henri antes que nadie, puesto que, al no presentarse en el lugar indicado, intuyeron que algo había salido mal. Abandonaron la ciudad en sus vehículos particulares, aunque decidieron utilizar su documentación real cuando supieron por las noticias que habían detenido a un ciudadano francés que pretendía perpetrar un atentado y que se había enfrentado a los guardias en el control de Santiponce. Cambiaron las rutas de escape, pero utilizaron las carreteras y autopistas nacionales, ya que por la tarde el tráfico de las ciudades se llenaba de trabajadores que volvían a sus casas. Así pasarían desapercibidos. Consiguieron evitar el cerco que se cernía sobre ellos y no dejaron de conducir hasta que llegaron a la frontera. Txistor pasó a Francia por la carretera de Barcelona y Gerona, en su paso por la Junquera, y Jacques, por un pequeño puerto muy poco transitado que se encontraba en los Pirineos y que comunicaba con Carcassonne y el centro-sur de Francia.

Mientras Henri dormía en los calabozos de la Jefatura de la Guardia Civil, sus dos compañeros entraban en pánico por lo que se les venía encima. Escucharon por radio la desactivación del segundo coche bomba, pero no podían comunicarse con ninguno de los responsables de ETA, ya que tenían órdenes expresas de volverse invisibles en caso de ser capturados. El martes ya estaban de nuevo haciendo su vida normal: Txistor en su empresa de productos asfálticos, mientras que Jacques decidió encerrarse en la casa de un pariente de su mujer que trabajaba en el bar Mayte. Después de doce años operando, a los dos se les terminaba una militancia secreta que implicaba de lleno a la Gendarmería francesa y que, sin ninguna duda, modificaría la actitud que este país había adoptado hasta el momento en la lucha contra ETA. Los dos daban por hecho que Henri no diría una palabra sobre ellos, pero, realmente, nadie sabe de lo que es capaz uno cuando se derrumba.

★ ★ ★

Es una sensación salvaje, de derrota, de la que no hay escapatoria. No se trata solo de asumir una culpa o un error, sino que va mucho más allá. De pronto, una máscara se rompe, un comportamiento se desvanece, algo que saca de la realidad paralela en la que uno vive y que se ha ido alimentando a fuerza de creerse el tipo de vida que se lleva hasta el punto de que solo tu verdad prevalece sobre la del resto, que generalmente es la realidad auténtica.

A medida que pasan las cosas, se suceden los hechos, ya sea por una causa legítima o completamente impostada, uno se va alejando de todo lo que está bien o mal, vive dentro de una especie de mundo paralelo que se va haciendo cada vez más pequeño, distinto a todo, donde los valores se van transformando para seguir alimentando esa creencia. Pasa en muchos aspectos de la vida, pues responde a un comportamiento cerebral que trata de darle la razón, por muy disparatada que esa postura parezca frente a la del resto. Poco a poco, todo lo que pasa delante de los ojos y dentro de la cabeza tiene un mismo discurso y es ahí donde nace la polarización, la obcecación de no ver más allá que el propio criterio. Y, de pronto, todo eso se desvanece por completo, porque el mundo gira en una dirección radicalmente opuesta al sentido que llevaba; nada es cómo él pensaba que era y, si alguna vez tuvo dudas sobre si estaba haciendo el bien o el mal, estas se van anulando a fuerza de seguir en sus trece, y, de pronto, se come por dentro y por fuera una realidad y una opinión que prevalecen sobre la suya, porque es la de verdad. Todo se desvanece, el mundo que se inventó, la realidad en la que pensaba vivir. Lo alejado que estaba entonces de todo lo que no era, como él pensaba que era. Lo cierto es que uno se da de bruces con la realidad cuando menos se lo espera, y ahí, en esa bofetada de la verdad, es cuando se ve el daño que se ha causado.

Por eso, todo era imprevisible, incluso para un tipo como Henri Parot, que llevaba asesinando más de doce años a guardias civiles, militares, policías, fiscales e incluso niños. Por mucho que se diga, por mucho que uno se queje dentro de esta *borroka* de los errores y los aciertos, unos mataron a diestro y siniestro, y los otros, los del bando en el que trabajaba Deva Valdés, con errores en el pasado promovidos por Gobiernos inseguros, jamás habrían volado por los aires los cuerpos de tantos niños pequeños. No verlo es no querer entenderlo.

A la mañana siguiente, en las dependencias de la Unidad de Servicios Especiales de la Dirección General de la Guardia Civil, el juez instructor se preparaba junto al secretario judicial para tomar declaración a Henri Parot, que estaba acompañado de un abogado perteneciente al ilustre Colegio de Abogados de Madrid. Se le aplicaría la Ley antiterrorista y, aunque el detenido permanecía esposado, todos los presentes sabían que no se trataba de un miembro cualquiera de la banda. Tal y como predijo el capitán González el día anterior, acababa de cambiar la lucha contra ETA. Era la primera declaración del sospechoso antes de que acudiera a la Audiencia Nacional.

A la primera pregunta, sobre si el detenido pertenecía a la banda terrorista, Henri, frío y entero, reconoció que sí, que por supuesto pertenecía a ETA militar.

En la habitación contigua seguían el interrogatorio el capitán González y su homólogo francés, Roger Boslé, quien esa misma mañana había aterrizado en Madrid por la nacionalidad del detenido y porque el capitán tenía a las autoridades francesas cada vez más en el lugar donde debieron estar desde hacía mucho tiempo. Deva tomaba notas de todo lo que el detenido decía. Nadie se esperaba que lo contara absolutamente todo de una forma tan detallada y sin omitir ninguna de las acciones terroristas que en estos últimos doce años había acometido.

Comenzó con su captación por parte de Txomin Iturbe, Argala y Peitxoto, en Biarritz, en el año 1978. Dijo que en esa primera cita también estuvieron presentes Jaques Esnal y Txistor Haramboure, que eran los únicos que pertenecían al comando hasta el día anterior, cuando todo cambió en aquel control sevillano. No solo dio los detalles de los coches y de las acciones que habían realizado, sino que desveló matrículas, domicilios y el nombre de antiguos integrantes que abandonaron el comando por distintas razones, como era el caso del propio hermano de Henri, Jon Parot, que perteneció a la banda desde 1978 hasta finales de 1987.

—Phillipe Saez estuvo con nosotros al principio. Se le podía localizar en una villa en la población de Villafranque, aunque se desplazaba a diario hasta Bayona para trabajar en un taller de bisutería. Actualmente vive en un convento de frailes en Bellocq, donde entró voluntariamente hace un par de años. También daba clases de *txistu* y ha llegado a ser muy reconocido en el uso de este instrumento en Euskadi. Txomin aceptó que se retirara del comando durante el segundo año de actividad.

»Jean Pierre Erremundi, más conocido como Pampi, era un cobarde. Abandonó en su primer año de actividad, porque al final nos resultaba más peligroso tenerle dentro. Está casado con una refugiada llamada Irune. Viven en Bayona, en la salida hacia Burdeos, en un segundo piso de un bloque. Creo que en la actualidad realiza distintos trabajos temporales, pero fue chófer de camión y puede que siga conduciendo.

»Mi hermano Jon vive en Bayona, en la calle Ulysse Darracq, entrando por la izquierda en el primer piso del bloque. Conduce un Fiat Uno azul y tiene su propio negocio de importación y exportación. No sabría decirle exactamente dónde tiene la empresa, casi no nos hablamos desde que abandonó el comando. Amaia, su esposa, es natural de Éibar, y se creó una situación muy delicada cuando él abandonó el comando, porque Paco, que ya era el jefe de militar de la banda, nunca ha sido partidario de las salidas de los miembros. De hecho, Paco aún no se lo ha perdonado

—¿Qué quiere decir? —preguntó el juez.

—Pues sencillo. El año pasado, Paco quiso verle en un camping de Bidart. Sería el mes de agosto. Estaba convencido de que mi hermano era un traidor y quiso tratar el asunto directamente con él. Una abogada del entorno *abertzale* evitó el encuentro enviando una carta a Paco en la que le avisaba de que podía pasarle como a Josu Ternera y, aunque no se presentó al encuentro, Paco está seguro de que la carta la envió mi hermano. Incluso se le comenzó a llamar «traidor» en el entorno *abertzale* de Francia. Creo que Paco quiere matarlo, como hizo con Yoyes, o con el propio Moreno Bergareche diez años atrás, cuando Paco formaba parte de los *berezis,* ¿sabe?

—Continúe, por favor.

—Frederic Haramboure es Txistor. Se divorció hace algunos años, aunque su mujer es una antigua colaboradora de la banda. Se llama… Espere que recuerde… Katin, Katin Beastegui. Pero ahora tiene otra pareja, con la que vive cerca de la plaza de toros de Bayona. Ella se llama Arantxa. Txistor ha participado intermitentemente en el comando. No sé si sabrán que sufrió un atentado por parte del GAL de ustedes. Debido a su trabajo, no podía acudir siempre a las acciones, y esa tapadera le ha servido hasta hoy.

—¿Y qué me dice de Jaques, con el que estaba en Sevilla el día de su detención?

—A ese le trajo Txistor, precisamente. Está casado con una refugiada que tiene un bar en San Juan de Luz, el bar Mayte. Él ha estado siempre en paro, ¿sabe? Por eso, la banda le paga cuatro mil francos todos los meses a cambio de sus servicios.

—¿Quién le paga ese sueldo personalmente?

—Paco Múgica Garmendia. Antes cobraba algo menos, pero siempre nos ha dado el dinero la jefatura de la banda. Nadie más en el entorno de los comandos sabía de nuestra existencia, creo.

—Continúe, por favor.

—Jaques trajo a un amigo suyo de los ambientes de Bayona. Se llamaba Jean Vicente García. Hablaba muy bien castellano, por lo que los primeros años nos vinieron muy bien sus servicios en territorio español. Actualmente vive en

Sare y comparte la casa con la suegra de Bixente, pero solo estuvo dos años con nosotros. Trabajó en Sokoa, pero luego lo dejó y se hizo autónomo. No nos sentó bien cuando quiso abandonar, alegando cierto miedo, pero en tiempos de Txomin era bien distinto el tema de las disidencias.

—¿Algún miembro más?

—No. Ya le he dicho quiénes formábamos este comando.

El comisario francés tenía apuntados cada uno de los detalles de los ciudadanos franceses que Henri Parot acababa de desvelar. Ninguno de los presentes se imaginaba lo efectiva que había resultado esta estrategia puesta en marcha por Txomin Iturbe y que siguió siendo un secreto en la propia ETA. Solo lo sabían Mamarru, que fue quien les adiéstró; Josu Ternera, que desde la muerte de Txomin en Argel hasta su detención fue el encargado de la banda, y Paco Múgica Garmendia.

—¿En qué consistían los cursos que os daba Mamarru? —prosiguió el juez.

—Nos enseñaron a manejar pistolas Browning y Firebird. Fusiles de tipo G3 y metralletas Stein y Matt. También nos enseñaron a manipular explosivos plásticos, goma 2 y pólvora negra. El mismo Mamarru nos enseñó a montar sistemas de iniciación de cargas explosivas con relojes mecánicos de agujas que perforaban el cristal. También sistemas de tipo pinza con dos tornillos y un separador que al quitarlo acciona el circuito entero; mecha lenta detonante, interruptores eléctricos...

—¿Dónde realizaban dichos cursillos?

—Los teóricos los realizamos en el piso de Bayona de un contacto de Mamarru. Las prácticas de tiro las hicimos en Las Landas y en un bosque de Zuberoa. Allí disparábamos las pistolas, las metralletas, y también lanzábamos granadas. Hubo un par de días que nos desplazamos al bosque de Saint Pée, porque, además de prácticas de tiro, ensayamos con los detonadores. Luego no dimos más cursillos con Mamarru, ya que los sistemas nuevos que iba empleando la banda nos los enseñaban a través de manuales específicos o instrucciones que nos hacían llegar junto con unidades concretas. Fueron incorporando sistemas como los lanzagranadas o el lanzacohetes de fabricación soviética RPG-7. Esto lo utilizamos la primera vez contra el autobús militar de Barcelona, en 1982. Posteriormente aprendimos a usar la mina hueca con seiscientos gramos de explosivo plástico y la probamos en la acción contra el general Esquivias. Dependiendo del operativo que fuéramos a cometer, utilizábamos el sistema que mejor resultado nos diera.

—Entonces, ¿solo tuvisteis como instructor a Mamarru?

—Lo cierto es que no. Posteriormente nos enseñó a utilizar los explosivos Joseba, creo que el segundo apellido era Erostarbe. Este tipo era natural de Mondragón, de mi estatura y con un bigote grande, como el que llevaba Txomin. Tuvimos algunas citas con él en Francia y era el que nos proporcionaba nuevos sistemas según fueron pasando los años.

—¿A qué tipo de sistemas nuevos se refiere?

—La propia organización fabricaba las granadas *jotake*. También algunos sistemas de iniciación mediante mando a distancia. Cuando se apretaba el botón, y sin ninguna pérdida de tiempo, se activaba la carga. Joseba nos enseñó también a manejar el sistema de iniciación mediante luz infrarroja. Cuando pasaba un coche o una persona, se rompía y activaba la carga, aunque tardaba unos siete segundos en accionar la bomba. Posteriormente tuvimos un curso sobre el manejo teórico del coche explosivo con mando a distancia, pero a Paco no le gustaba del todo y pensaba que debíamos aprender más al respecto. Tenía pensado darnos el curso ahora, a la vuelta del atentado de Sevilla.

—¿Y con temporizadores? —preguntó el juez.

—Sí. Esos los usamos en las líneas del ferrocarril. Tenían un tiempo de programación de 9.999 horas.

—Creo que deberíamos hacer un receso.

Dos guardias de la UEI trasladaron a Parot hasta los calabozos. Mientras tanto, el juez y el secretario, junto con el abogado del detenido, pasaron a la habitación contigua, donde esperaban el capitán González, su homólogo francés, la cabo Deva Valdés y el resto de los guardias pertenecientes a los Servicios Centrales y a la Comandancia de Sevilla.

El capitán fue el primero en advertir al juez sobre algunos de los informes que había llevado consigo, correspondientes a los atentados que pensaban podían haber cometido los integrantes del comando francés, pero todo había cambiado cuando vieron la disposición a declarar del detenido. También se dieron cuenta de la envergadura de lo que estaban descubriendo. Ahora ya estaban convencidos de que Henri Parot y el resto del comando eran los responsables de muchas más acciones terroristas.

—Capitán González.

—Dígame, comisario Boslé.

—Debemos actuar en Francia con premura. Tenemos datos suficientes para detener a todos los miembros que residen allí.

—Así es.

—Debo volver lo antes posible a París para preparar las operaciones.

—Gracias, comisario. Si necesita apoyo operativo o de información...

—Creo que necesito más que eso.

—Usted, dirá.

—¿Puede acompañarnos la cabo Valdés? —preguntó el comisario.

—Por supuesto.

—Debemos salir esta misma noche —aseguró Boslé.

—Gracias, capitán. Sería importante recabar toda la información que precise en los domicilios de los objetivos —apuntó Deva.

—Así haremos. Necesitamos una autorización judicial.

—Yo mismo la firmaré, capitán —añadió el juez.

13
HENDAYA, PRIMAVERA DE 1990

Zubieta llevaba varios días completamente encerrado. Ni siquiera permitió que su sobrina saliera de casa para ir a la ikastola. Las medidas que debían tomar era demasiadas, puesto que no sabía hasta qué punto tendrían información sobre él. Una comidilla se estaba haciendo rumor oficial en el entorno de ETA: un comando francés, un verdugo como el que acaban de detener en Sevilla, había cogido por sorpresa a todos los miembros de la banda y a sus colaboradores. Todos comprendieron entonces el origen de las acciones de las que ignoraban su procedencia. Era un éxito la forma en la que este comando se había mantenido activo durante tanto tiempo, pero tenía una explicación lógica porque su funcionamiento no seguía el mismo protocolo que el resto de los comandos. Zubieta, por ejemplo, no recibía órdenes de Paco, ya que apenas se habían visto un par de veces desde que ingresó en ETA a principios de los años ochenta. Su enlace siempre fue Aitor. Además, la disciplina no podía saltarse bajo ningún concepto.

De pronto, sonó el timbre de la casa y Zubieta, alterado, cargó su Browning de 9 milímetros y se acercó hasta la puerta muy despacio, intentando que sus pisadas no se escucharan desde fuera. Quería comprobar por la mirilla quién llamaba a su piso, del que solo el jefe del aparato logístico tenía constancia. La *amona* metió a la pequeña Ainhoa en una de las habitaciones. Cuando Zubieta comprobó que se trataba de un cartero, abrió levemente la puerta, cargando la pistola con la mano izquierda y con el dedo preparado en el gatillo. El cartero apenas le dirigió la palabra, tan solo le pasó un papel levantando las cejas al tiempo que se lo entregaba. Zubieta comprobó que se trataba de un número de teléfono de alguna localidad cercana y, cuando volvió a mirar al tipo, este ya se había dado la vuelta y bajaba por las escaleras del bloque.

—*Ama,* tengo que salir un momento.

—Vale, hijo. Luego tenemos que hablar. Creo que es mejor que Ainhoa y yo volvamos a Oyarzun, al caserío.

—Pero…

—Hay que proteger a la niña. Se están poniendo las cosas feas, hijo.

—Luego lo hablamos, *ama,* pero no sé si me gusta la idea.

—Muchas veces las cosas no dependen de si gustan o no, Juan José. De hecho, suele ser así.

—Lo vemos después. Tengo que salir a llamar.

Cuando salió de la casa, Zubieta tuvo una extraña sensación, como si algo estuviera a punto de suceder o la ciudad esperara algún acontecimiento del todo insospechado. Parecía como si la gente no hiciera vida normal, había menos bullicio del habitual y la certeza de que algo se venía encima. No quiso seguir caminando hasta la cabina de la plaza, y en la *rue* de Port se giró y volvió sobre sus pasos. En ese momento escuchó las primeras sirenas de los coches de la Gendarmería y de la Policía del Aire y Fronteras, que se adentraban en la villa a toda pastilla.

Fueron más de diez coches y dos furgonetas con miembros de las operaciones especiales —varios de paisano— los que atravesaron delante de sus ojos la *rue* Pellot. En un primer momento, pensó en salir corriendo y esconderse en su piso, pero enseguida se dio cuenta de que podrían detenerle si le veían actuando de tal modo. Él no sospechaba más de lo que lo hacía a diario y comprendió que no tenía sentido que vinieran a por él. Así que rápidamente se calmó y se metió en uno de los comercios que tenía al lado, la *boulangerie* Eskuz, donde la dependienta también se extrañó por tal banda sonora de sirenas y derrapes que interrumpían la habitual tranquilidad de la villa francesa.

Muy cerca de allí, dos coches de la Gendarmería cortaron el acceso a la *rue* de la Gare, cercana a la iglesia de Saint Vicent. Zubieta se asomó a la puerta junto a la dependienta y a otra señora que estaba comprando el pan cuando lo cotidiano se vio interrumpido por la operación que desarrollaba ante sus ojos. Zubieta comprendió que se trataba de algo grande, sobre todo cuando vio que un equipo de ocho efectivos de la GIGN (Groupe d'Intervention de la Gendarmerie Nationale) bajaba de una de las furgonetas y reventaban la puerta de una de las casas de la calle que acaban de cortar. Entraron detrás de un escudo blindado, mientras dos policías salían por los lados del parapeto empuñando sus pistolas. Una pareja que caminaba en esa calle corrió hasta el cruce junto a otros dos miembros de la GIGN que les cubrían por si la situación se ponía peligrosa. Zubieta se metió en la boca el papel con el número de teléfono después de memorizarlo. Estaba asistiendo en directo a un operativo de la Policía francesa contra miembros del crimen organizado o de algo parecido. Permanecieron quietos y pendientes en el interior de la tienda mientras veían una película de acción. Toda la tranquilidad del pueblo se vio truncada en ese preciso instante con gritos de «*arrêter la police!, arrêter la police!*», al tiempo que los curiosos se asomaban a las ventanas y los balcones para no perder detalle de una situación tan singular.

Deva se quedó en el coche del comisario esperando a que la dejaran entrar cuando todos los objetivos del operativo hubieran sido detenidos. Estaba nerviosa trabajando en territorio francés, pero, como tantas otras veces, se esforzaba en superar el miedo de saberse frente a algo tan peligroso, nuevo, desconocido... Ella no estaba en Hendaya, sino en la vecina San Juan de Luz. Un número similar de agentes había entrado en dos pisos de la villa francesa y en el bar Mayte, mientras en Bayona, Biarritz y una pequeña pedanía llamada Urrugne se vivía una situación similar a la que se estaba produciendo ante los ojos de Zubieta. Se trataba de una operación coordinada entre más de cinco unidades de los GIGN con el apoyo de la Guardia Civil, que obtuvo la autorización de participar en suelo francés gracias a la jueza Le Vert.

En San Juan de Luz se llevaron detenido a Jacques Esnal, junto a su mujer y a un pariente de esta que se encontraba en la casa en el momento de la intervención. Los metieron en un coche de la Gendarmería y salieron escopetados y escoltados hacia las dependencias policiales. En ese momento, el comisario francés avisó por radio a Deva, que seguía esperando dentro del coche. Ella entraría primero junto a dos gendarmes. Sería la primera en analizar las pruebas que hubiera en la casa, tal y cómo había sugerido el capitán González al terminar la primera de las declaraciones de Henri Parot. Cualquier detalle, papel, documento o prueba que tuviera relación con alguna de las investigaciones que el equipo de los Servicios de Información estaba llevando a cabo era vital y debía ser analizada por la cabo Valdés.

Nada más subir al piso, Deva vio a los agentes de la Gendarmería en la puerta de la casa. Todos sabían que sería ella la encargada del registro y, cuando estaba a punto de atravesar el umbral de la puerta, uno de los agentes le habló en español:

—Cabo Valdés, la jueza llegará en quince minutos. Tiene ese tiempo para conseguir lo que estime oportuno.

—Gracias, agente.

Cuando entró en la vivienda, Deva inspeccionó de un primer golpe de vista la sala principal. Era un salón sencillo, con una mesa redonda de comedor sobre la que había varias carpetas con papeles. Eran exámenes de la ikastola en la que trabaja la mujer del detenido. También dos bolígrafos, rojo y verde, con los que corregía los exámenes, y un par de latas de cerveza aún frías. Miró la estantería, llena de libros de texto y algunos manuales de coctelería, álbumes de fotos y una enciclopedia infantil de seis o siete volúmenes, en los que pudo ver, en los lomos, el nombre de cada una de las provincias vascas, incluyendo Iparralde, con Labort, Sola y la baja Navarra. Siempre le llamó la atención que ETA no tuviera la misma reivindicación en Francia que en España, a pesar de que muchos de esos territorios estaban en suelo francés.

Siguió escrutando lo que tenía delante sin tocar nada, tratando de no dejar ninguna huella y con la vista puesta en todos los objetos visibles, pero sin revolver, sin cambiar nada de sitio. Se dirigió a la habitación principal, donde la cama estaba todavía revuelta, y comprobó que sobre la mesilla de noche había una pistola FN de 9 milímetros junto a una caja de balas abierta. Se puso los guantes para abrir el cajón de la mesita, donde encontró un manual de un lanzacohetes RPG-7, pero volvió a dejarlo tal y cómo estaba tras hacerle una fotografía. Después abrió el armario y estrujó las distintas prendas que había colgadas por si algún sonido le resultaba raro o simplemente distinto de como debe sonar la ropa cuando la tocas. Vio dos pasamontañas en la tabla que separaba el armario de la pareja. En el cuarto de baño, varios botes de aspirinas y pastillas para dormir, pero nada que se saliera de lo común en una casa cualquiera.

Volvió al salón y se fijó en las carpetas de la mesa del comedor. Sin quitarse los guantes, abrió una de ellas, donde estaban los exámenes de los alumnos de la detenida, pero tampoco vio nada que resultara sospechoso. Estuvo a punto de abandonar, pero finalmente abrió la segunda de las carpetas, que contenía las fichas de los niños a los que daba clase. La segunda ficha le hizo pararse en seco. Se trataba de una niña nacida en 1981 en Lecumberri. Toda su atención se concentró en el nombre que leyó a continuación: Ainhoa Gómez Zubieta. Deva recordó entonces el nombre del tipo ese al que apodaban Lehoia, el mismo al que había perdido la pista tras la liberación de Adolfo Villoslada. Le hizo una fotografía a la ficha y apuntó en un papel la dirección en la que vivía la niña en Hendaya. La sangre le bombeaba a todo meter. Supo que había encontrado un hilo del que podría tirar. Enseguida se dio cuenta de que debía avisar por radio al capitán y comunicarle este nuevo dato, que aportaba una dirección física relacionada con el tipo que trabajaba en las metálicas Añuri.

Recordó aquel día en Lecumberri cuando presenció la veneración que algunos paisanos mostraban hacia Lehoia al pasar delante de ellos mientras cantaban el *Eusko gudariak*.

Después encontró un número de teléfono que copió en la misma nota, justo cuando uno de los gendarmes de la puerta accedía al interior.

—Viene la jueza. Por favor, cabo.

—Ya estoy. Muchas gracias.

Deva abandonó el piso y bajó corriendo hacia el coche que le había dispuesto el comisario francés. Allí cogió la radio y se puso en contacto con el capitán González, que seguía en Madrid a la espera de la segunda declaración del terrorista detenido en Sevilla.

—Mi capitán, tengo una pista.

—¿De qué se trata, Deva?

—¿Recuerda el seguimiento que hicimos al hombre que vino a visitar a su hija, el que está enganchado?

—Claro.

—Tengo una dirección de aquí, de Hendaya.

—Voy a hablar con el comisario.

★   ★   ★

Después de presenciar lo ocurrido durante la operación policial, Zubieta decidió no llamar al teléfono que le había traído el cartero y regresó a su casa. Buscó a su madre y a su sobrina, que estaban en el salón viendo una película infantil en la televisión. Zubieta apagó el aparato.

—Nos vamos.

—¿Cómo?

—Que nos vamos ya. Haz la maleta de la niña, *ama*. Tenemos que irnos lo antes posible de aquí.

—¿Qué pasa, *osaba*?

—Nos vamos.

—Pero debo recoger muchas cosas, hijo.

—¡Que no hay tiempo!

★　★　★

En Madrid, el capitán González estaba al teléfono. Su estatura parecía que nunca se empequeñecía por muchas horas que le dedicara al trabajo, a la lucha, a la guerra. Iba de un sitio a otro, comprobando documentos ante la mirada del resto de guardias civiles, que veían en él a un agente excepcional por el que recibirían una bala si era necesario. No solo era su autoridad, sino que dominaba términos y protocolos, y se ajustaba a detalles que le hacían avanzar al toque en las distintas ramificaciones que investigaba.

—Roger, hay un dato importante que debemos investigar.

—¿De qué se trata, capitán?

—Tenemos indicios sobre la posible guarida en Hendaya de un liberado que posiblemente pertenezca al Comando Nafarroa.

—¿Indicios, capitán?

—Necesito su ayuda.

—¿Qué quiere que haga?

—En el marco de esta operación, ¿sería posible que fueran a una dirección de inmediato?

—Pero el factor sorpresa ya pasó hace varias horas, capitán.

—Creemos que puede estar en esa casa junto a una niña.

—Capitán, usted sabe que tiene todo mi apoyo, pero si, además, hay un menor de edad por medio, la cosa puede complicarse mucho.

—No tenemos claro si es un miembro activo del comando. De lo que estamos seguros es de que se trata de un importante colaborador de la banda.

Tras unos breves segundos, el comisario francés tomó la palabra:

—Capitán, voy a mandar un coche con dos gendarmes. Intentaremos averiguar de qué se trata, pero entienda que en este operativo ya está por medio la autoridad judicial y que la prioridad es capturar a los ciudadanos franceses que ha delatado Henri Parot.

—Gracias, comisario. La cabo Valdés le dará los detalles.

—Muy bien.

Deva fue reclamada mientras construía un croquis temporal con los últimos movimientos de Lehoia: el día que la ayudó a salir de Lecumberri, el retrato robot que hicieron en la jefatura según las fotos que les proporcionaron en Metálicas Añuri... También sabían la dirección del caserío de Oyarzun donde estaba empadronada la madre. Cada dato sobre este objetivo era crucial, pero les faltaba una orden para poder detenerle en caso de verlo en Hendaya, aunque de eso se encargaría el comisario francés, alegando que era un posible colaborador de ETA en suelo galo y ampliando las pesquisas por su posible conexión con los terroristas de ese país. Sin dejar de unir todas las pistas, se subió a un coche de la Gendarmería y pusieron rumbo a Hendaya.

El coche salió escopetado y con los pirulos encendidos. La operación, que había comenzado a las ocho de la mañana, había roto la tranquilidad de los pueblos del sur de Francia. Deva, sentada en el asiento de atrás y mirando por la ventanilla, recordaba lo que le había contado Juanjo sobre el atentado de la casa cuartel de Zaragoza, dos años atrás...

★ ★ ★

«Cuando llegamos todo era humo y dolor. Estuvimos ayudando a desenterrar cuerpos y buscando a los que aún tuvieran pulso, mientras algunos compañeros recorrían las urgencias de los hospitales tratando de encontrar a los familiares que no habían aparecido. La situación fue terrorífica, Deva, todo apestaba a amonal, a escombros, y algunos fuegos estuvieron vivos durante varias horas. Fíjate que nosotros salimos del cuartel del GAR, que dista hora y media de Zaragoza, y, aun así, pudimos ver el humo y la discordia que había llenado la ciudad. Todo el mundo miraba hacia abajo, quitando piedras, hierros y forjados de la edificación. Dos operarios de una obra cercana ayudaban con sus grúas para apartar los restos más pesados, mientras los bomberos picaban los bloques que no se habían desarmado del todo y que tapaban a algunas de las víctimas. Al llegar allí, soltamos los fusiles y nos pusimos a retirar escombros, hasta que me fijé en uno de los pilares que había soportado la explosión y que parecía una ruina antigua, firme sobre la destrucción, como si hubiera sido el paso de mil años lo que provocó que a su alrededor todo estuviera destruido. Fue en ese momento cuando vi a un niño aferrado a la base del pilar. No se había movido en casi dos horas. Nadie se fijó en él porque nadie miraba al cielo; todos los que participaban trataban de escuchar debajo, por si pisaban alguna posibilidad de vida en aquella masacre. El niño, que no debía de tener más de cinco o seis años, permanecía quieto, en estado de *shock*. Le pedí a uno de los bomberos que me prestara una escalera y subí a trompicones para cogerle. El pobre chaval… Luego descubrimos que la bomba había matado a sus padres y a su hermana de once años. Ese niño lo había perdido todo, Deva, todo. Y aún hoy, cada noche, cuando voy a dormirme, tengo la imagen de ese niño ennegrecido por el humo y con el pelo alborotado que se sujetaba a la vida agarrando el único pilar que había soportado la onda expansiva de la bomba de amonal...».

★ ★ ★

—Estamos llegando a Hendaya, agente —interrumpió uno de los policías.

—Muy bien. Esta es la dirección—dijo Deva, alargando un papel al copiloto.

—Estaremos en tres minutos. Debe permanecer en el coche. Tenemos instrucciones de llamar a la puerta, pero usted debe quedarse aquí.

Zubieta guardaba sus últimas pertenencias antes de dejar el piso. Recogió todo papel o documento que pudiera implicarle con ETA y salió al balcón para quemarlos en una pequeña papelera cilíndrica. Guardó algunos manuales y sus últimas nóminas de la acería. También algunos de los últimos ejemplares de *Zutabe,* que el entorno de ETA solía repartir entre sus miembros. En ese momento, una sensación de inmediatez le invadió, como cuando crees que has visto algo que está a punto de pasar, pero te parece que ya lo has vivido. Sintió como si algo o alguien le mirase desde atrás, de cerca, casi como si le rozara. Abandonó lo que estaba haciendo y oyó la frenada de un coche frente al edificio. Sin apenas pensarlo, cogió las cosas que tenía preparadas y obligó a su madre y a su sobrina a salir de la casa. Escuchó entonces cómo llamaban al telefonillo y decidió subir las escaleras que conducían a la azotea, ayudando a su madre y sujetando con los brazos a la pequeña Ainhoa, que dudaba si se trataba de un juego o de algo que no entendía del todo.

Consiguieron salir al exterior al tiempo que sonaban los timbres de los demás apartamentos, pues los guardias llamaron a todos los pisos para acceder al interior del bloque. En la azotea, Zubieta escondió a su madre y a su sobrina tras un muro que guardaba la refrigeración del edificio y sacó su pistola, arrastrándose por el suelo hasta el borde para ver cuántos coches le buscaban. Observó que solo había uno y comprendió que no se trataba de un operativo que pudiera tumbar la puerta de su casa como el que había visto esa misma mañana. Esperó durante algunos minutos con el arma cargada a que los gendarmes volvieran a salir. Fue en ese momento cuando se fijó en que una mujer estaba sentada en la parte trasera del coche policial. Ella miraba hacia arriba desde el interior del vehículo y pensó que podría tratarse de alguna colaboradora de la Policía, quizá su antigua compañera, la novia de su cuñado, que quizá había recurrido a las autoridades francesas para denunciar que este no podía ver a Ainhoa. Cualquier opción era posible. Cualquier enemigo podía haberlo colocado en la diana de las autoridades.

Los gendarmes salieron del edificio y miraron por todas partes. Zubieta se deslizó hacia atrás poco a poco, esperando oír que el coche arrancaba y se iba por donde había venido. Aun así, le quemaba por dentro el desprecio y el odio que sentía por Andoni, convencido de que había sido él, o algún enlace suyo, quien le había delatado. Se sumaba el hecho de haber perdido a su hermana, aunque esta hubiera fallecido de cáncer. Para Zubieta, el cáncer era su cuñado y padre de la niña.

Vio cómo el coche avanzaba hacia la esquina y siguió la forma del vehículo, que abandonaba la calle mientras Zubieta pensaba en la venganza a la que sometería a ese malnacido. Decidió darle una lección que no olvidaría. En esos años, las lecciones era un componente más del maltrato a la que muchas veces se enfrentaban las personas que vivían en el País Vasco, sometidas a las adicciones o a los tropiezos que pudieran tener. Un semblante de odio se dibujó en su cara, un hasta aquí he soportado, verás lo que te va a venir encima, cabrón de mierda. Esa misma tarde, Zubieta, acompañado de su *ama* y de Ainhoa, cruzó la frontera y regresó a España.

★ ★ ★

—Mi capitán, no había nadie en el piso.

—Bueno, regresa a Madrid lo antes posible. Tenemos que seguir con las declaraciones de Parot.

—Sí, mi capitán. Esta misma tarde saldré para allá.

—Muy bien.

14

DE NUEVO EN MADRID

José Luis Corcuera salió del Consejo de Ministros del Palacio de la Moncloa. Como cada jueves, los miembros del Gobierno despachaban los principales problemas a los que se enfrentaba una Administración que llevaba los últimos seis años en el poder y que aún revalidaría su posición otra legislatura. Hubo varios intentos de acabar con ETA por parte de los dirigentes del país, pero, tras los fiascos que supusieron las conversaciones de Argel y, sobre todo, el GAL, la estrategia del Ejecutivo de Felipe González marcaba un camino en el que las Fuerzas y Cuerpos de Seguridad del Estado debían ser los garantes de la ley y de la lucha contra la banda terrorista.

La reciente captura del comando francés, tanto en Sevilla como en el sur de Francia, había supuesto un duro golpe para ETA, pero, sin duda, la situación agravaría las acciones terroristas en un momento fundamental para la política exterior, debido a los acontecimientos que se celebrarían en España los próximos años. Tanto la Expo de Sevilla como los Juegos Olímpicos no solo situaban a España en la picota, sino que, en cierto modo, ayudaban a estabilizar una democracia que, aunque llevaba más de una década en funcionamiento, aún se consideraba joven en numerosos organismos internacionales.

España hacía solo cuatro años que había ingresado en la OTAN y muchos Estados consideraban que no era más que un país ideal para bañarse en la playa durante las vacaciones. La monarquía jugaba un papel clave, por encima de signos políticos e ideologías; era la voz sobre la que se sostenía el rumbo que el pueblo español había decidido seguir. Un camino que no estaba exento de polémica, pero que, en cierto modo, exigía una pulcritud para con el resto de los países miembros de la Comunidad Europea, pero muy en especial con los problemas que tenían lugar en nuestras fronteras. El terrorismo, que tuvo cierta aprobación en la sociedad del País Vasco durante la dictadura, había decidido seguir una senda mucho más violenta que salpicaba no solo las provincias vascas, sino a toda la población.

—Ministro, debería reunirse con el director de la Guardia Civil para que le informe sobre los avances respecto al comando detenido —le dijo a Corcuera su jefe de gabinete.

—Prefiero que nos veamos con el jefe de los Servicios de Información y con quienes estén llevando la investigación.

—¿No quiere que avisemos al señor Roldán?

—Después. Roldán me está causando algún quebradero de cabeza.

—Pero, señor...

—Insisto. Avise al ministro de Justicia para que organice una reunión con el director de Información y con los mandos de la Guardia Civil que estén llevando el operativo.

—Muy bien, señor ministro.

—Y otra cosa. Cuando hable con la Dirección de la Guardia Civil, haga hincapié en que no quiero que ni un solo agente pise territorio francés. No sé cómo voy a hacer para que nos levanten el veto.

François Mitterrand llevaba dos lustros gobernando en Francia, que todavía consideraba a ETA como un ente revolucionario que luchaba contra el franquismo. Por eso, muchos de los miembros de la banda que se refugiaban en el país vecino eran considerados mártires políticos e incluso, en ocasiones, recibieron el tratamiento de asilados políticos. La situación empeoró cuando el GAL comenzó a operar en el sur del país. En realidad, era, entre otras cosas, una forma de llamar la atención de las autoridades galas, además de una fórmula para resolver cuitas pendientes con unos asesinos que campaban a sus anchas por sus territorios. ETA y la izquierda *abertzale* reclamaban una parte de los mismos, pues para ellos el Iparralde pertenecía al País Vasco, pero fueron muy cautos a la hora de cometer atentados en suelo francés. Los únicos altercados que se produjeron habían sido desencadenados por la Policía, la Guardia Civil y algunas organizaciones que se vengaban de lo que sucedía en España. De ahí que muchos de los gobernantes franceses se refirieran a la lucha antiterrorista como «el conflicto vasco», sin entender que en los conflictos los niños no estallan en pedazos con metralla y escamas de jabón para que se les derrita la piel tras ser alcanzados por la explosión de una bomba. Esa ambigüedad servía a ETA para ocultarse.

El capitán González, que había nacido en Irún, no solo hablaba perfectamente francés, sino que la relación con sus iguales en Francia era cada vez más estrecha. Poco a poco fue metiéndose en el bolsillo a los distintos mandos y agentes que empezaban a colaborar con la Guardia Civil, como era el caso del comisario Roger Boslé, que estaba igual de comprometido que él y el resto de la Benemérita en la necesidad de acabar con ETA.

Fue Boslé quien llamó a Madrid para informar directamente al capitán González del resultado del operativo que había logrado desarticular en Francia al resto del Comando Argala. También ayudó en algo que resultó clave en la colaboración con Francia, ya que se ganó la confianza de la jueza Le Vert, que recientemente había sido nombrada por el Ministerio de Justicia galo como la magistrada encargada de la lucha antiterrorista.

En la Dirección General de la Guardia Civil, el capitán González recibió una llamada de Josu, el confidente infiltrado en ETA.

—Mi capitán.

—¿Cómo va todo, Josu?

—Hay novedades. Por aquí está todo muy revuelto. Han mantenido contacto conmigo, pero me han emplazado para otra llamada que harán dentro de unos días.

—¿De quién se trata?

—Es Joseba, el enlace que tenemos con Francia. Ha quedado en volver a llamarme porque tiene información de la cúpula, pero sobre todo por las acciones que debemos cometer a partir de ahora, después del golpe que se han llevado por lo del comando ese que se ha desarticulado.

—¿Tú no sabías nada de este comando?

—Mi capitán, nadie sabía que ese comando existía. Aunque hemos empezado a atar cabos, pues algunas operaciones que se realizaron en Madrid coinciden con momentos en los que los comandos no estaban activos. Empezamos a sospechar con lo de la casa cuartel de Zaragoza, pero se trataba de un grupo completamente aislado. Lo que le puedo decir es que Joseba está en Guipúzcoa y que me llamará desde algún lugar de la provincia.

—Bien, Josu.

—La llamada la hará el día 25 a las trece horas, mi capitán.

—Muy bien. Ten cuidado.

—*Agur*.

Cuando el capitán González colgó el teléfono, llamó de inmediato a sus subordinados para que prepararan la operación para capturar a Joseba, quien, según las declaraciones de Parot, era uno de los pocos miembros de ETA que había tenido trato con el Comando Argala. Muchas veces las cosas pasaban así de rápido; otras, no tanto, pero desde la detención de Henri Parot en Sevilla, los acontecimientos estaban tomando una dirección y un ritmo acelerado que daría sus frutos muy pronto.

★　★　★

Vieron a los dos hombres en la plaza Mayor de Rentería, sentados en un banco, fumándose un porro mientras algunas personas ocupaban las terrazas de alrededor. No eran ni las diez de la noche, pero en primavera, cuando el sol se acuesta más tarde, la gente aprovecha para acompañarlo al ritmo de esa hora lenta que no quiere terminar. Volvieron al coche para coger sus armas. Heavy, la pistola Sig Sauer de 9 milímetros y Zubieta, una metralleta Uzi que guardaba bajo la lona del maletero. Se pusieron los pasamontañas y bajaron por la calle Viteri mientras cargaban las balas en sus armas. Una señora se cruzó con ellos y rápidamente miró hacia el suelo al tiempo que Zubieta posicionaba su metralleta a medio cuerpo, sujetando el arma con las dos manos y dejando que su compañero fuera un poco por delante.

Andoni se acercó a los tipos del banco. Parecía que se conocían de tiempo atrás. Una pareja que estaba hablando con ellos se alejó del grupo y se dirigió hacia la salida del casco antiguo. Después, Andoni recibió lo que parecía una pequeña papelina blanca que se guardó en el bolsillo del pantalón, y le dio un par de caladas al porro que le había pasado uno de aquellos tipos. Otro grupo de jóvenes hacía botellón en uno de los bancos de enfrente, mientras dos chicos se lanzaban pases con una pelota de fútbol, obligando a una señora mayor a pararse para no recibir un balonazo. Cuando Andoni estaba devolviendo el porro a quien se lo había ofrecido, dos de los tipos se enzarzaron en una disputa.

En ese momento, Heavy se adentró en la plaza y Zubieta comenzó a trotar para alcanzar a su compañero. Tardó un segundo en ponerse a su altura. Llevaban los pasamontañas puestos y en esos momentos se los bajaron para cubrirse la cara. Una chica gritó desde una de las mesas de la terraza. Andoni se dio la vuelta al tiempo que se escuchaba la primera detonación de la pistola, que reventó la cabeza de un chico que estaba sentado. El otro se dio la vuelta para echar a correr, pero se encontró de frente con Zubieta, que ya le apuntaba con la Uzi desde algunos metros atrás, y disparó una, dos, tres y hasta siete veces contra él. Andoni se tiró al suelo justo cuando Heavy le ponía la pipa sobre la cabeza. Le descerrajó un disparo a bocajarro que le hizo contraerse durante un segundo. Después fue Zubieta quién le remató disparando hasta tres veces contra el cuerpo del que había sido su cuñado, el padre de la pequeña Ainhoa. Los chicos del otro banco estaban parapetados detrás del respaldo y sonaron vasos y platos de las mesas cuando los clientes de las terrazas se levantaron apresuradamente al ver lo que acaba de suceder. Heavy miró a los cuatro lados de la plaza y entonces un coche llegó derrapando y frenando en seco en la esquina de la plaza con la calle José de Erviti.

Un camarero ayudó a una pareja a protegerse dentro del bar, mientras los chicos de la pelota se escondían detrás del quiosco que cerraba la plaza por donde habían llegado los dos terroristas. Al tiempo que estos abandonaban la escena, varias persianas se bajaban en las ventanas de los edificios que la rodeaban. Germán esperaba en el coche y desaparecieron tan rápido como habían llegado, dejando los tres cuerpos en el suelo y dando la noche por concluida en la ciudad de Rentería.

Nada más entrar en la calle de Morrongilleta, Zubieta descargó su arma y se subió el pasamontañas. Fue Heavy el primero en romper el silencio que llevaba la banda sonora del coche que huía de la ciudad de Rentería rumbo a San Sebastián, donde podían quedarse en el piso franco de un pariente de su compañera del comando, Susana Arregui.

—Que se apunten el tanto los del Comando Donosti.

—A Paco no le gustará enterarse de que hemos sido nosotros.

—Me importa un huevo lo que le importe a Paco —dijo Zubieta—. Por culpa de ese yonqui casi me agarran en Hendaya.

—Dos camellos menos.

—Tres, que el hijo de puta ese seguro que también pasaba.

—¿Qué le dirás a la niña, Lehoia?

—Quien a droga vive, a droga muere.

Poco a poco la gente fue acercándose a los cuerpos de los muertos. Rentería se había teñido de sangre, pero no era raro que sucediera. Uno de los chicos del botellón metió la mano en los bolsillos de los cadáveres en busca de alguna «sorpresa»; sonrió cuando encontró un par de «papelas» y se levantó para unirse a su grupo. Se escucharon algunas verjas cerrando el ocio del día, y a los pocos minutos se vieron las luces de un coche de la Ertzaintza que llegaba a la plaza tras la llamada del propietario de un bar.

Cubrieron los cuerpos de los fallecidos y acordonaron la zona a la espera de que llegara la autoridad judicial para levantar los cadáveres. Algunos curiosos rodeaban la escena, los menos, si acaso los más jóvenes, pues los mayores llevaban demasiado tiempo acostumbrados a eso de los disparos, la violencia y la sangre derramada en el suelo. Incluso alguien admitió que, al fin y al cabo, «¿no eran esos los camellos de Rentería? Qué más darán dos o tres vidas menos que solo traían problemas al pueblo. Al final, ETA lucha por nosotros, ¿no?».

El coche entró en las calles del barrio de Altza de San Sebastián. Para evitar Inchaurrondo, cruzaron hasta Miracruz y de dirigieron hacia el Antiguo, donde una persona les esperaba para llevarse el coche que usaron en la huida.

Subieron por la calle Okendo y llegaron hasta el piso que había dispuesto Susana Arregui, en pleno casco histórico. Debían permanecer algunos días en la vivienda sin llamar la atención antes de dirigirse a Navarra para seguir con su escalada de atentados. Pero antes tenían que verse con el contacto que la dirección de ETA les había indicado.

Necesitaban retomar un curso de formación de explosivos y Joseba era el encargado de tal materia. Tenían una lista con el material que guardaban en los zulos de la zona de La Foz y en otros en las cercanías de Lecumberri. La dirección de la banda les había prohibido salir a la calle entre acciones, pero la venganza sobre Andoni les obligaba ahora a permanecer aún más escondidos si cabe. El contacto con el exterior lo harían a través del dueño de la vivienda, tanto para recibir comida como para cubrir las necesidades más básicas.

Zubieta se preguntaba cuál sería la reacción de Ainhoa cuando se enterara de lo sucedido, pero contaba con el apoyo de su *ama,* que sentía el mismo desprecio por Andoni que él, lo que le garantizaba una victoria en la violencia familiar que acababa de suceder. No podían responder al teléfono por temor a que estuviera pinchado, pero tampoco les estaba permitido utilizar otro medio de contacto con los suyos. Las normas para los comandos eran cada vez más estrictas y no podía haber fisura alguna en el comportamiento de los miembros de la banda, quienes a menudo terminaban quemados por la convivencia obligada.

★ ★ ★

En la Dirección General de la Guardia Civil, Luis Roldán, director del Instituto Armado, llegó para asistir a la segunda declaración del detenido en Sevilla. Los agentes querían saber el número de atentados perpetrados por el Comando Argala y, ante la facilidad que encontraron en Parot para declarar, estaban convencidos de que tampoco ahora se dejaría detalle alguno. El juez del caso, el secretario y el abogado de oficio que se ocupaba del detenido comenzaron a escuchar el relato de los distintos atentados que el comando había cometido en suelo español en los últimos doce años.

—Una de las primeras acciones fue el asesinato de un industrial, Joseba Legasca. La dirección, que en ese momento estaba liderada por Txomin Iturbe, marcó a este empresario porque, según decían, había traicionado al pueblo vasco cuando se presentó con la Gendarmería francesa a pagar el impuesto revolucionario. Ocurrió en Bayona y, como consecuencia de la sorpresa, detuvieron a Trepa, uno de los colaboradores que el aparato económico tenía en Francia. Le matamos a tiros, utilizando dos metralletas, una Sten y otra Matt. Le localizamos en una obra que el tipo tenía en marcha en Irún. Cuando le disparamos, un hermano de la víctima se nos echó encima y tuve que pegarle un tiro en la pierna para poder escapar.

—Prosiga, por favor.

—Unas semanas después, la dirección de ETA nos entregó un papel escrito a máquina donde se especificaban la matrícula y los horarios de un magistrado.

—¿Don José Francisco Mateu?

—Así es. Nos trasladamos a Madrid para cometer la *ekintza* y tuvimos que robar dos motocicletas para poder acercarnos al coche oficial y así escapar del centro. Le encontramos en la calle de Claudio Coello, y fueron Txistor y Jon quienes dispararon sobre el objetivo. Esa misma tarde cruzamos la frontera a Francia.

—Prosiga.

—Txomin nos citó a los cinco miembros del comando y nos dio instrucciones precisas para atentar contra un general.

El secretario le pasó un papel al juez.

—¿El general Constantino Ortín?

—Sí. La idea era golpear al Ejército español y, cuando comprobamos que solo le acompañaba su chófer, decidimos cogerle. Lo hicimos cuando el conductor se bajó para abrirle la puerta, pero yo solo pude disparar una vez porque la pistola se encasquilló. Me ayudó Txistor, que realizó varios disparos y dio muerte al objetivo. Un coche nos esperaba en las inmediaciones del Palacio de los Deportes y huimos a Francia.

—¿Qué arma utilizó?

—Una pistola Browning.

—¿Dónde está ahora mismo esa pistola?

—Lo desconozco.

—Prosiga.

—Después de que Pampi abandonara el comando, nos citamos con Txomin en Biarritz. Allí nos entregó un papel con el nombre del teniente general Luis Gómez. Mamarru nos dio granadas y nos cambió las metralletas, porque las Sten estaban anticuadas. Hicimos varios seguimientos en Madrid y descartamos atacar en el domicilio del objetivo porque siempre había alguna patrulla de la Policía Militar protegiéndole. En las inmediaciones de su casa encontramos una obra por la que siempre pasaba su coche, así que diseñamos en Francia un plan para atacarle.

—¿En qué consistía ese plan?

—Jacques y yo nos hicimos con unos monos de obra, mientras que Txistor esperaría junto al coche que empleamos en la huida. Cuando apareció el vehículo del objetivo, observamos que iba a acompañado de tres militares más; creo que eran dos coroneles y el chófer, según vimos posteriormente en la prensa. Llevábamos las metralletas en una bolsa deportiva y, cuando el coche pasó, vaciamos los cargadores contra ellos, mientras Txistor vigilaba que no hubiera otro vehículo de escolta. En esa ocasión, fue Jon, mi hermano, quien condujo el coche en el que huimos, un Simca 1000. Metimos las armas en el zulo que preparamos dentro del vehículo, pero nos paró la Guardia Civil en un control en la M-30, porque, al parecer, los vecinos dijeron que habíamos huido en un coche de ese modelo. Lo que no sabían era que la matrícula francesa nos salvó de que nos cogieran. Aunque nos pararon y nos hicieron abrir el maletero, tras comprobar nuestra documentación nos dejaron continuar. Los otros miembros del comando huyeron en tren hasta Hendaya.

—Después de esta acción, que causó cuatro muertos, ¿cuál fue la siguiente?

—Nos citaron Txomin y Txikierdi porque les habían entregado un papel con el nombre de un general, la dirección de su domicilio, la matrícula de su coche y sus horarios de entrada y salida. Aun así, nos desplazamos a Madrid para comprobar la veracidad de la información y nos encontrarnos con una sorpresa, como había sucedido en la anterior *ekintza*. A la vuelta en Francia, Txikierdi nos propuso que efectuáramos la acción utilizando una carga explosiva activada mediante mando a distancia. Fue Mamarru quien nos facilitó la carga y el mando, así como un manual con las indicaciones de montaje y uso. Aunque llevábamos nuestras pistolas, creo recordar que nos entregaron kilo y medio de goma 2. El retardo que activaba la carga era de unos cuatro o cinco segundos. Fue una de las acciones que hicimos mal, por varias razones. La primera porque, cuando localizamos el objetivo, un coche conducido por una señora que iba con su hijo se paró al lado y decidimos no accionar el mando. La segunda porque una furgoneta se detuvo justo delante y habría recibido la explosión de lleno. Finalmente, cuando pudimos volver a poner la bomba, la carga explosiva alcanzó al soldado que acompañaba al objetivo porque este se había parado a hablar con otro militar de alta graduación. Por eso salvó la vida. Huimos por una boca de metro y dejamos la moto robada abandonada en el lugar del siniestro. El coche lo habíamos dejado aparcado en las inmediaciones del Palacio de los Deportes, que por su proximidad a la M-30 era una ruta de escape perfecta, y regresamos a Francia por la Nacional I.

Deva no perdía detalle de las declaraciones de Parot en la Unidad de Servicios Especiales, mientras algunos guardias trataban de aprender los procesos y mecanismos con los que funcionaba ETA, desde quién marcaba los objetivos hasta las personas responsables de proporcionar armas o explosivos para cometer las acciones. Cualquier detalle sobre el funcionamiento interno de la banda era de vital importancia para poder adelantarse y acabar con la escalada de terror que marcaba el camino de España en los años noventa.

El director de la Guardia Civil, Luis Roldán, era un cargo político dentro de todo el personal que habitaba en la Dirección General. Quizá el único, porque los demás luchaban en una guerra encarnizada a cambio de un salario que a cualquiera le habría parecido insuficiente. Por eso no entendían ni de horarios ni de sacrificios. Su entrega era total. Parecía que ETA no terminaba de entender que ya no luchaba contra Franco ni contra una dictadura militar, sino que ahora sus enemigos eran hombres y mujeres que tenían el honor como única divisa.

—Deva, tenemos una información que nos ha llegado de Rentería —interrumpió un agente.

—¿De qué se trata?

—Asesinaron a tres personas, dos delincuentes comunes y otro que parece el tipo enganchado ese que buscabas, Andoni, el del operativo que tuvimos que abortar en Hendaya.

—Gracias, Juan. Déjeme el informe, por favor.

—Aquí tiene, cabo.

Deva leyó el informe y fue a reunirse con el capitán González, que se encontraba en una sala contigua analizando todos los datos aportados por Parot. Se acercó hasta la mesa y, antes de decir nada, el capitán se dirigió a ella:

—Valdés, tenemos que irnos a Guipúzcoa lo antes posible.

—Mi capitán.

—Josu ha entablado contacto y tenemos que organizar un operativo.

—Ayer hubo un atentado en Rentería y...

—Lo sé. Se cargaron al cuñado de Lehoia.

—Sí, mi capitán.

—Sabes que han sido ellos, ¿verdad?

—Sí, mi capitán. No tiene sentido otra autoría.

—Antes debo reunirme en el Ministerio del Interior. ¿Me llevas?

El Ministerio del Interior estaba en medio de la ciudad, ocupando uno de esos palacetes que no fueron derribados durante la Guerra Civil, y tuvo un día el río más importante de la ciudad, que ahora estaba formado por cuatro carriles que cruzaban la ciudad de sur a norte, partiendo en dos los barrios más transitados de la península. Cercano a la plaza de Colón, el edificio todavía guardaba algunos detalles de su pasado señorial, como los elegantes toldos anaranjados de las ventanas o la garita que estaba dispuesta para los controles de seguridad. En otros tiempos trabajaron allí los empleados de los condes de Casa Valencia, pero el edificio fue adquirido por Franco en 1941 para albergar la sede de la Dirección General de Marruecos y Colonias. Es paradójico que el dictador fuera el causante de la desaparición de la gran mayoría de esos palacetes de ambos lados de la Castellana a consecuencia de las bombas que lanzó sobre Madrid durante la Guerra Civil, y que luego los adquiriera para utilizarlos o vivir en ellos, como ocurrió con el Palacio del Pardo.

Deva condujo el coche del capitán desde Guzmán el Bueno hasta uno de los laterales de la Castellana, donde, en el número 5, se encontraba la sede del Ministerio del Interior. Durante el trayecto apenas cruzaron palabra, pues los acompañaba otro cabo de los Servicios Especiales, y el capitán, aunque nunca hubo filtraciones por parte del Instituto Armado, era tremendamente cauto con la información de la que disponía. Antes de llegar al ministerio, le pidió al agente que detuviera el coche. Sacó un Motorola DynaTac, un teléfono de los que había pocas unidades y que pesaba casi medio kilo, e hizo una llamada. Algunos transeúntes alucinaron al verle hablar por un teléfono móvil en plena calle; una imagen del todo novedosa en aquel Madrid primaveral de 1990.

Tras volver al coche, avanzaron hasta la puerta del ministerio, donde los guardias de la garita se cuadraron al ver al capitán González y le abrieron la entrada.

—Por favor, espérenos aquí. Valdés, acompáñeme.

—Sí, mi capitán.

Accedieron al edificio principal. Un ujier los acompañó hasta el piso de arriba, donde el ministro Corcuera esperaba al capitán con uno de sus asesores de Seguridad, quien le había puesto al día de algunas de las acciones que el comando francés había perpetrado en Madrid, aunque desconocía la situación que ETA atravesaba en esos momentos.

—Ministro.

—Capitán, buenos días.

—Esta es la cabo Valdés, que trabaja conmigo en los Servicios de Información. He considerado oportuno que nos acompañe.

—Ningún problema, capitán. Siéntense, por favor.

—Usted dirá, ministro.

—Mire, capitán. Después de los últimos acontecimientos, con la barbarie que querían perpetrar en Sevilla, le he llamado porque necesitamos tener muchísimo control sobre las operaciones que estemos realizando en la frontera con Francia, donde, como sabe, no son muy amigos de la causa.

—Las cosas están cambiando, señor ministro.

—He conversado con el director de la Guardia Civil y con el teniente coronel Galindo, y los dos dicen que usted es la persona que ahora mismo está más centrada en la captación de información y en las novedades de ETA. Por eso he requerido su presencia, para recalcarle que no podemos poner un pie en Francia sin contar con la autorización de las autoridades galas. Nos estamos jugando mucho, capitán.

—Por supuesto, señor. Pero debe entender que nosotros no operamos en suelo francés y, en todo caso, la colaboración con las autoridades francesas está siendo cada vez más fluida.

—Eso me extraña, capitán. La Administración Mitterrand no nos ha permitido una participación activa en la lucha antiterrorista, y debo insistirle en el cuidado y la precaución con la que deben operar en la frontera.

En ese momento, una secretaria del ministro llamó a la puerta.

—Señor, ministro. Llaman al capitán González.

—¿Perdón?

—Sí, han dicho en la Jefatura de la Guardia Civil que se encontraría aquí.

—Pero ¿de qué se trata?

—Es el jefe de la unidad antiterrorista de la Gendarmería francesa.

—Pásele aquí la llamada.

El ministro se quedó sin palabras. Le alcanzó el teléfono y el capitán González comenzó a hablar en un perfecto francés ante la atónita mirada de Corcuera. Era intrigante la sólida relación que parecía tener con la persona que estaba al otro lado de la línea. Cuando terminó la conversación, el ministro no tardó en preguntar de qué se trataba.

—Señor ministro, me informan desde Francia que han detenido al resto del Comando Argala junto a diez colaboradores y enlaces de la banda.

—Pero...

—Le dije que la colaboración con Francia era cada vez más fluida y, de hecho, me atrevo a pedirle que, por favor, consiga cuanto antes que la Administración retire los derechos y beneficios de todos esos «exiliados», como ellos los llaman, y con toda premura. Debemos presionar en todos los sentidos, señor ministro.

—Eso haré, capitán.

—Señor ministro. Debo partir a Guipúzcoa lo antes posible porque tenemos que montar un operativo para capturar a uno de los miembros de la cúpula de la banda.

—Bien. Emplazamos esta reunión para dentro de una semana, capitán.

—Muy bien, señor.

Al salir del ministerio, la plaza de Colón se hacía inabarcable. Los edificios contemplaban el paso acelerado de coches, motos, taxis, autobuses, peatones cruzando a lo suyo, y apenas un atisbo que lo definiera como un sitio acogedor. Deva le daba vueltas a la llamada que había recibido el capitán en el despacho del ministro, pero su cautela le impedía preguntarle por detalles, más si cabe estando presente el cabo que los había acompañado desde la Dirección General de la Guardia Civil. Por eso evitó preguntarle nada hasta que no estuvieran a solas, sin dejarle opción al conductor a hacer un comentario en la cantina y contar algo que pudiera sembrar algún rumor sobre la figura del capitán González. Volvieron a Guzmán el Bueno para informar a sus superiores —y estos al director— sobre el operativo que pretendían organizar para el 25 de abril. Deva y González sabían que se necesitarían muchos efectivos y recursos que normalmente les eran rechazados, y que solo una buena información podría desbloquear en caso de ser necesario.

—Mi capitán, disculpe la pregunta.

—Dígame, cabo.

—¿Le ha llamado el comisario Boslé mientras estábamos con el ministro?

—No. Era mi hermano. Le pedí que me llamara quince minutos después de llamarle yo.

—¿Señor?

—Quería que el ministro del Interior comprobara la relación que estamos afianzando en Francia, y ya sabe usted, cabo… A veces uno tiene que sacar los recursos de donde no los hay.

—Mi capitán.

15

ABRIL EN INCHAURRONDO

La llamada de Joseba estaba prevista a la hora del poteo, a la una de la tarde. Todo era complicado, no solo por la cantidad de territorio que los agentes debían cubrir, sino porque no tenían certeza alguna de los lugares por los que se movía el objetivo. Sabían que era el jefe del aparato logístico de la banda o, al menos, eso sospecharon. Tanto Josu como las declaraciones de Henri Parot le señalaban como el encargado de las armas que se entregaban a los miembros de los distintos comandos.

El teniente coronel Galindo lideraba la operación desde el cuartel general de Guipúzcoa, en San Sebastián, y fue necesaria su intervención para que todo guardia civil disponible participara en el operativo. Después de consultar los datos con Telefónica, se contabilizaron 1.012 cabinas desplegadas por toda la provincia de Guipúzcoa, de modo que se necesitaban al menos dos mil agentes para poder vigilarlas a la hora prevista. Se precisaron guardias de unidades como el GAR, la UEI, el Servicio de Información de la Guardia Civil (SIGC) y el núcleo de reserva de San Sebastián y Bilbao, y fueron Galindo y el capitán González quienes establecieron a los agentes de las dos primeras en los puntos que consideraron más calientes en caso de producirse un enfrentamiento armado con el sospechoso.

Muchas veces ocurría que los nombres que utilizaban los miembros de ETA eran falsos, por lo que Joseba podía ser cualquier otro. Lo que sí era importante y crucial para el buen término de la operación era que los Servicios de Información hubieran pinchado el teléfono en el que Josu recibiría la llamada para, de ese modo, detener en el momento exacto a todo aquel que estuviera utilizando alguna de las cabinas de la provincia. Era como encontrar una aguja en un pajar, pero la operación podía descabezar a una parte fundamental del aparato de la banda terrorista.

Deva permanecía en el centro de mando de operaciones, junto al capitán y el teniente coronel Galindo y varios miembros del Grupo de Apoyo Operativo (GAO), que coordinaba las comunicaciones con los agentes que se habían movilizado. De forma discreta, como todo lo que hacía Deva Valdés, también estaba pendiente de la unidad del GAR a la que pertenecía Juanjo, que estaba posicionada en Tolosa, uno de los bastiones más complejos de ETA y donde vestir de verde significaba no solo convertirse en una diana, sino sufrir la condena constante de los vecinos, que en cualquier momento podían avisar a los pistoleros del Comando Donosti o de cualquier otro que operara por tan conflictiva zona.

No se sabía quiénes pertenecían al comando, quiénes podían ser enlaces, quiénes chivatos, y por ello muchos de los agentes que participaban en el operativo actuarían de paisano, tratando de no levantar sospechas más allá de las que de por sí provocarían por no ser originarios de una zona rural.

Pero Juanjo y el resto de sus compañeros eran unos lobos, unos tipos que no se achantaban ante un pistolero de ETA; al revés, estaban ansiosos de terminar con ellos o de toparse con cualquiera que supusiera una amenaza. No solo estaban entrenados para ello, sino que había ocasiones en las que necesitaban comérselos vivos si hacía falta, después de algunas de las atrocidades de las que habían sido testigos directos. Pero a Deva le picaba el nervio; sentía miedo y a la vez orgullo por el hecho de que una parte de ella, aunque fuera la sentimental, cupiera en ese reducido grupo de hombres que vivían por y para la seguridad del resto. Los demás agentes también sentían devoción por estas unidades de élite.

Las diferencias entre el GAR y la UEI eran pocas: quizá que los primeros fueron un grupo creado especialmente para la lucha contra ETA y que se pateaban todos los caminos y pistas forestales para descubrir hasta el último reducto de los valles vascos, asegurándose de que no quedara rincón alguno sin conocer. Muchas veces, los mandos de los Servicios de Información les pasaban las misiones más complicadas porque los dos grupos estaban deseando participar, ya fuera en la desarticulación de un comando o en la liberación de un secuestrado. Los etarras sabían muy bien que no podían ganar si se enfrentaban a cualquiera de esas unidades y temblaban solo con verlos de verde o cuando se enteraban de la existencia de un control dirigido por ellos. Eran los mejor preparados de los Cuerpos y Fuerzas de Seguridad del Estado y estaban en *borroka* contra ETA.

A Deva le llenaba de orgullo saber que Juanjo no solo era uno de los mejores activos del GAR, sino que, además, se afianzaba en una relación que había nacido al amparo de los cuarteles de la Guardia Civil.

★　★　★

Tolosa es una localidad de Guipúzcoa que fue capital de la provincia durante mucho tiempo en el siglo XIX. Antes de que los Reyes Católicos unificaran España, Tolosa ya pertenecía al reino de Castilla, desde el año 1200, cuando Alfonso X la nombró «villa» y posteriormente le otorgó unos fueros especiales con los que no contaron las aldeas cercanas, lo que provocó desavenencias y conflictos durante muchos siglos con sus vecinos. Se dice, o se decía, que los *tolosarras* siempre fueron unos privilegiados por tal consideración, pero lo importante de la ubicación, que comunicaba Navarra, Castilla y Francia, hizo de la ciudad un lugar especial tanto por el transporte de mercancías como por su localización estratégica.

Fue precisamente allí donde la unidad del GAR a la que pertenecía Juanjo desplegó la vigilancia de las cinco cabinas con las que contaba la villa. La noche anterior, cuando estuvieron determinando las posiciones, Juanjo y algunos compañeros se ofrecieron a cubrirla, porque habían estado en más de una ocasión celebrando, entre otras cosas, la mítica fiesta del chuletón, que tiene lugar todos los años por las fiestas de San Juan, patrón del lugar. Conocían los cuatro accesos que cruzaban el río Oria hasta la población y sabían que era uno de los bastiones más activos de la izquierda *abertzale,* un nido de miembros y colaboradores de ETA, por lo que la peligrosidad del lugar fue determinante para adjudicarles a Juanjo y a sus compañeros la cobertura de la ciudad.

Como los guardias iban de paisano, dejaron los chalecos que les identificaban en los coches y acudieron a la vigilancia vistiendo vaqueros y camisetas, y portando sus armas reglamentarias en riñoneras o camufladas bajo chaquetas y chubasqueros. Estaban en permanente contacto con el GAO, establecido en Inchaurrondo. Nunca antes se había diseñado una misión en la que dos mil agentes estuvieran en permanente comunicación.

★ ★ ★

En Pamplona, mientras todo este despliegue se producía en la vecina provincia, el Comando Nafarroa permanecía aislado en un piso de la calle de la Estafeta, en el mismo centro de la ciudad, famosa por ser una de las calles por las que transcurrían los encierros de San Fermín. Era la calle más larga y recta del casco antiguo y, aunque por ella transitaban turistas continuamente, los miembros del comando la habían elegido para esperar aislados las órdenes de la cúpula en Francia. La casa en la que se ocultaban pertenecía a un enlace proporcionado por la banda, que vivía desde hacía algunos meses en una residencia. El dueño estaba completamente alejado de sospechas y había utilizado la vivienda en distintas ocasiones para esconder tanto material como personas. Evitaban así sitios más calientes donde podía establecerse vigilancia contra el comando, como Lecumberri o el caserío de Oyarzun. Los integrantes del grupo sospechaban que la Guardia Civil los tenía fichados como miembros liberados de la banda.

Una vecina del edificio actuaba como enlace, aunque no sabía del todo quiénes eran los terroristas que había en su bloque. La cúpula de ETA obligaba a tal compartimentación de la información que apenas unos sabían de otros. Para las necesidades básicas contaban con variedad de latas de conservas y pan de molde. No había necesidad alguna de salir. No podían poner en juego su tapadera. Esperaban una llamada, que les comunicaría las instrucciones dispuestas por la dirección de ETA para ellos, más aún tras el golpe que había supuesto la detención del Comando Argala y las operaciones que desarrollaron en el sur de Francia.

Según el informante, el jefe del aparato logístico se pondría en contacto con ellos a la una menos diez de ese día; llamaría desde una cabina telefónica, por lo que era de vital importancia que estuvieran pendientes del teléfono. A la hora indicada, el teléfono de la vieja casa donde se escondían sonó con un timbre molesto y agudo.

—*Bai* —contestó Heavy.

—*Bai,* Heavy. Soy Joseba. Oye, ¿sabes algo de lo ocurrido en Rentería? Lo del asesinato de los camellos esos.

—Algo escuchamos, pero no tengo ni idea.

—Bueno, lo que sea. Están preocupados, pero bien, tres menos es lo que cuenta.

—Eso pensamos.

—Tenemos que agilizar las operaciones en Navarra. Hay dos zulos en la zona de La Foz de Lumbier de donde tenéis que coger explosivos y el lanzagranadas. A través del contacto habitual os daremos algunos nombres que tenemos marcados. Hay dos empresarios que se están haciendo los remolones con el impuesto revolucionario y debemos darles el pase. También tenéis que atacar los cuarteles de los *txakurras* de vuestra zona.

—Bien.

—Las coordenadas de uno de los zulos os las hago llegar a través del chico este, ¿entendido?

—Bien.

—Otra cosa importante. Nos hemos enterado de que Lehoia mantiene contacto habitual con su *ama* y la niña. Me dicen en Francia que es probable que las estén vigilando, así que no la caguéis.

—Muy bien, Joseba. Pero ya te digo que contacto, poco.

—Bueno, *agur,* tengo que ir a otra zona para seguir organizando operaciones.

—*Agur,* Joseba. *Gora ETA!*

—*Gora ETA,* compañeros.

★ ★ ★

El Comando Donosti había sido desarticulado casi por completo un año antes. Sin embargo, la facilidad con la que la dirección volvía a reorganizar los grupos convertía la lucha en una especie de presa llena de grietas por las que el agua se colaba y encontraba un nuevo paso que adelantaba a los Cuerpos y Fuerzas de Seguridad del Estado. Josu, el agente de la Guardia Civil infiltrado, era uno de esos reemplazos que la dirección de la banda había dispuesto pensando en la nueva campaña de atentados que se estaba preparando para 1990. A la gente más joven y más radicalizada se la reclutaba casi siempre en los ambientes de la *kale borroka,* en *herriko tabernas* y en el interior de organizaciones radicales responsables de actos de sabotaje o de protesta en las calles.

En Inchaurrondo, un miembro de los Servicios de Información permanecía a la escucha del teléfono que Josu les había facilitado, mientras que el GAO iba comunicándose con los guardias desplegados. Estos esfuerzos sobrehumanos se habrían ido al garete si cualquier variable cambiaba. Por ejemplo, si Joseba salía de la provincia para llamar, solo se podría escuchar la llamada; si alguno de los colaboradores de la banda sospechaba que les pisaban los talones, la operación fracasaría, tanto por los recursos utilizados como porque se ponía en peligro la posibilidad de averiguar más información sobre las futuras acciones de la banda.

Los nervios eran palpables en todos los mandos y guardias que se encontraban en Inchaurrondo esa mañana. Se acercaba la hora; apenas dos o tres minutos faltaban para la una del mediodía, y el silencio solo se veía interrumpido por el sonido de algunas radios de los agentes del GAO encargados de ir chequeando a los usuarios de las cabinas. Un miembro de la empresa Telefónica servía de enlace para localizar el número concreto desde el que se iba a hacer la llamada, por lo que, independientemente de la vigilancia física, también debían tener constancia del número de la línea utilizada.

El ambiente era pesado, como si algo estuviera a punto de estallar en la habitación que se estableció como centro de mando. El capitán González repasaba en un mapa la ubicación de las cabinas, marcadas con chinchetas, mientras un miembro del GAO iba actualizando la posición de los guardias y otros mandos estudiaban más planos de las zonas en las que sus subordinados estaban operando. Cuando apenas quedaba un minuto para la hora acordada, la concentración que se desprendía de la sala incluso llegaba a ser ruidosa debido al silencio que mantenían todos los agentes en Inchaurrondo. El capitán levantó el brazo con el dedo pulgar señalando hacia arriba. Después hizo un gesto dando vueltas con la mano, como si recogiera un carrete de una caña de pescar. Todos tensos, atentos, intactos en su forma y en su fondo.

★ ★ ★

En Tolosa, la cabina más próxima a la estación de tren era vigilada por Juanjo y su compañero, el sargento Hervás. Mientras el segundo aguardaba en el coche, un Ford Escort azul oscuro, el primero se encontraba cerca de ella hojeando el diario *Egin,* el periódico que generalmente usaba ETA para publicar sus comunicados y que tenía una línea editorial acorde a los pensamientos de la banda. La estación tenía una gran explanada adoquinada, utilizada por algunos coches como aparcamiento, además de un trajín bastante notable de personas que acudían a ella para coger el tren que pasaba por la población a las 13:15 horas hacia Legorreta, Ordicia y Beasaín. La mayoría de los viajeros eran gente del pueblo que, o bien se desplazaba para asuntos familiares, o bien iban en busca de algunos productos de los que carecían los *tolosarras,* ya fuera en comercios o en administraciones.

Juanjo no le quitaba ojo a la cabina. A las 12:57 horas, un individuo se había metido en ella. Comprobó con el sargento Hervás que un tipo fornido y con una pequeña bolsa esperaba a que terminara la conversación. Quizá le acompañaba. Los dos estaban atentos al reloj y comprobaron que la hora se les echaba encima. Los bloques nuevos de apartamentos que rodeaban la plaza estaban lo suficientemente alejados como para que pudieran controlarlos desde alguno de los balcones, pero, apenas unos segundos antes, un Renault 14 con un chico joven al volante apareció en la plaza y se detuvo junto a la cabina.

El sargento Hervás se bajó del coche no sin antes haber cargado la pistola reglamentaria que llevaba en la guantera. Mantenía el brazo casi pegado al cuerpo, escondiendo el arma y siguiendo los pasos que Juanjo daba disimulando con el periódico. Pudieron ver que el tipo que esperaba fuera de la cabina conversaba con el joven conductor que acababa de llegar, mientras el que estaba en el interior descolgaba el teléfono. Vieron cómo metía las monedas por la ranura y se colocaba el auricular sujetándolo con el hombro mientras consultaba algunos papeles que había posado en la bandeja donde se encontraba la guía telefónica. Se cambió el auricular a la otra oreja y apuntó algo en uno de los papeles mientras comenzaba la llamada.

—*Bai* —respondió Josu, escuchándose perfectamente en la sala de control.

—*Bai*. Bueno, tenemos que hacer bastantes cosas, como te habrán dicho en Francia...

Juanjo se libró del periódico en el que había escondido la pistola Browning, que enseguida empuñó mientras avanzaba hacia la cabina. El conductor del coche levantó la vista y sus ojos se pintaron de ansiedad y temor, sin entender del todo lo que estaba ocurriendo. El otro hombre, al verle la expresión al chico, giró la cabeza hacia Juanjo y levantó las cejas en un gesto de sorpresa, al tiempo que introducía la mano rápidamente en la bolsa que llevaba. Pero el sargento Hervás, que llegaba andando por detrás, alargó su brazo derecho, apoyó la mano izquierda en la empuñadura de su pistola y casi llegó a tocarle con la punta del cañón en la cabeza.

El chico arrancó el coche y embragó lo suficiente como para que el acelerón hiciera rodar las ruedas sobre la misma posición antes de salir de allí ladeando la parte trasera del vehículo. Cuando el hombre que estaba en la cabina se dio cuenta de lo que sucedía fuera, soltó el teléfono, dejando que el cordón que lo sujetaba golpeara el cristal de la cabina mientras intentaba sacar su arma de la espalda en un movimiento poco natural, dado el poco espacio del que disponía. El sargento Hervás tumbó de un golpe al terrorista que estaba fuera, mientras le encañonaba la cabeza, y cuando Joseba trató de salir con su arma en la mano, Juanjo pudo darle una patada en el brazo y encañonarlo contra la pared de la cabina. La capacidad de reducir a alguien ante cualquier amenaza era primordial y, desde luego, los miembros del GAR lo hacían con gran facilidad. Eran unos auténticos toros bravos.

—¡Alto, Guardia Civil! —gritaron los dos.

—¡Hijos de puta! —gritó Joseba.

—¡No se te ocurra moverte! —ordenó Juanjo—. ¡Suelta el arma! ¡Suelta el arma!

Le había puesto la rodilla sobre el cuello cuando lo sacó de la cabina. El sargento Hervás le dio una patada a la bolsa del otro justo cuando el coche derrapaba al salir del aparcamiento de la estación. Debían ser rápidos y continuar la operación antes de que la gente se diera cuenta de lo que acababa de suceder. No había apoyos y, además de tener bajo sus pies a dos terroristas, cualquier persona de Tolosa afín a la causa podría atacarles o disparar contra ellos desde alguna terraza.

La situación era crítica, pero tanto Juanjo como el sargento Hervás estaban entrenados y especializados en solventar estos baches. Ataron las muñecas a la espalda de los dos detenidos y los levantaron del suelo como si levantaran dos sacos. Corrieron hacia el Ford Escort para salir del aparcamiento lo antes posible. Mientras Juanjo avanzaba con Joseba medio tropezando, activó la radio que llevaba bajo la chupa y avisó al control de Inchaurrondo.

—Aquí Tolosa 2. ¿Me escucha? Aquí Tolosa 2.

—Le escucho, sargento.

—Los tenemos.

El equipo de apoyo salió de inmediato hacia Tolosa. En la sala de control de Inchaurrondo comenzaron a aplaudir a sus compañeros. Deva reconoció la voz de Juanjo en la radio y, emocionados, muchos de los guardias se levantaron de la silla. El capitán González estrechó la mano del teniente coronel Galindo, mientras en el mapa un miembro del GAO marcaba la estación de Tolosa con un pin amarillo. Entonces Galindo cogió la radio:

—Sargento Hervás, aquí el teniente coronel Galindo.

—Le escucho, teniente coronel.

Salieron de Tolosa a toda prisa. Una unidad del GAR que estaba apostada en la localidad de Ordicia llegó para escoltarles hasta el cuartel de San Sebastián, aunque a medida que avanzaban por la carretera se sumaron hasta cinco coches de la Guardia Civil para evitar que alguna sorpresa se produjera durante el traslado. El teniente coronel Galindo se colocó en el centro de la sala de operaciones y levantó un momento la mano para que los demás agentes guardaran sus emociones y se mantuvieran un momento en silencio.

—Señores, gracias por su colaboración. Nunca antes la Guardia Civil había desarrollado una operación tan compleja y con tan buen resultado. Solo quiero darles las gracias por su compromiso, dedicación y sacrificio durante estos últimos días para llevar a cabo este hito, que sin duda recordarán nuestros enemigos y que va a debilitar notablemente sus movimientos contra la sociedad española. No puedo estar más que orgulloso de todos y cada uno de ustedes.

Mientras el teniente coronel terminaba su discurso, el capitán González cogió uno de los teléfonos del despacho colindante. Llamó a Josu, el colaborador que había hecho posible esta detención.

—Le tenemos, Josu.

—Mi capitán.

—Gracias por tu colaboración.

—Para eso estamos, mi capitán. Me imagino que ahora atarán cabos, pero no tienen por qué saber que he sido yo.

—Cualquier cambio de procedimiento o las nuevas indicaciones me las tienes que hacer saber, ¿entiendes? Esto no ha hecho más que empezar. Otra cosa importante, Josu, no des tú la noticia.

—Sí, señor, pero ¿a qué se refiere exactamente?

—Siempre se elige como principal sospechoso al mensajero. Simplemente di, si te preguntan, que la comunicación se cortó.

—Sí, mi capitán.

—Bien. Cuando necesites algo, ya sabes dónde estamos, Josu.

Inchaurrondo era más que un cuartel de la Guardia Civil. Era lo más parecido a una ciudad en la que los guardias y sus familias podían sentir el calor de un hogar, un lugar en el que no tenían que mirar detrás por si alguien intentaba matarlos, y por ello estuvieron a salvo de acciones contra los edificios que formaban la Comandancia de San Sebastián. Más de cien guardias destinados allí habían sido asesinados por la banda terrorista, por lo que, en cierta manera, era un lugar cargado de memoria, de compromiso, de orgullo y de dedicación.

La comandancia se levantó a mediados de los años setenta y no fueron pocas las dificultades para llevar a cabo su construcción, por lo que, finalmente, el Gobierno de la UCD decidió adquirir unos bloques de viviendas junto a unos terrenos por donde crecería el acuartelamiento. Ya en sus inicios, ETA intentó por todos sus medios acabar con ella, e incluso colocó una bomba durante su construcción. En el momento de su inauguración diez años atrás, en 1980, el cuartel estaba completamente aislado, lo que facilitaba su vigilancia y protección. Pero las medidas de seguridad tuvieron que ir modificándose, ya que, a medida que el barrio iba creciendo, también lo hacían las construcciones que rodeaban el complejo, facilitando también que fuera un objetivo alcanzable por la organización terrorista. Los guardias civiles con destino en la 513 Comandancia de la Guardia Civil recibían un plus en su salario precisamente por lo arriesgado que era trabajar allí, como en todo el País Vasco y Navarra. Al enorme sufrimiento psicológico que suponía pertenecer a dicho cuartel se añadía el no poder salir apenas porque enseguida eran marcados por los numerosos colaboradores con los que la banda contaba en la imberbe democracia de principios de los años ochenta.

Algún tiempo después, en 1984, la comandancia ya contaba con más de setecientos efectivos, de los que al menos la mitad vivía dentro de sus muros con sus familias. El complejo tenía todo tipo de instalaciones para tratar de dar algo de normalidad a todos esos niños y mujeres que convivían con la amenaza diaria: polideportivo, peluquería, economato e incluso una cantina donde los guardias podían disponer de una barra donde socializar con los suyos. Desde que comenzó su andadura, el jefe fue el teniente coronel Galindo, quien, además de ser el mandamás del lugar, se convirtió en una especie de protector para todos los que por allí paraban.

En la entrada, dos garitas de seguridad y barreras protectoras impedían el acceso, pero una unidad de la Unidad Especial de Intervención esperaba a la comitiva que venía desde Tolosa con los dos detenidos en la operación. Incluso Deva bajó a la puerta para ver llegar a Juanjo esa tarde en la que, una vez más, el esfuerzo y el coraje habían cortado una de las patas fundamentales de la banda terrorista, a sabiendas de que, como a una estrella de mar, le crecería otra tan pronto como la cúpula de la organización se enterara de lo ocurrido.

Cuando por fin estuvieron juntos, Juanjo abrazó a Deva tan fuerte que por poco la dejó sin respiración, pero ella estaba igual de contenta que él. Decidieron pedir un permiso, que estaba garantizado después del éxito de la misión, aunque no se irían a Toulouse como habían pensado meses atrás. Cuando los miembros del GAR o de la UEI necesitaban de verdad alejarse de toda esta lucha, viajaban a Madrid y «quemaban» la ciudad. Salían y disfrutaban de todas las cosas que su empleo y destino no les permitían hacer en las inmediaciones de su trabajo. Y los dos tuvieron claro que viajarían a Madrid como cualquier otra pareja normal para hacer todo eso que la *borroka* les impedía cada minuto de sus días: vivir.

16

ESCONDIDOS

Muy poco después, el Comando Nafarroa supo de la detención de Joseba. Las pautas eran muy claras cuando una cosa así sucedía. Se desconocía la información que la Guardia Civil podría sacarle al detenido, aunque una de las máximas de ETA, sobre todo desde la captura de Santi Potros, era que no debían llevar información encima que pudiera comprometer a los distintos comandos que operaban o que se encontraban bajo las órdenes de la cúpula.

No obstante, el Comando Nafarroa decidió quedarse durante todo el mes de mayo en el piso de la calle de la Estafeta, donde transcurrieron un montón de días sin que pasara absolutamente nada y sin ninguna comunicación con el exterior. En ese tipo de situaciones era cuando surgían los roces como consecuencia de la convivencia de personas que no tenían por qué llevarse bien. Al fin y al cabo, la cúpula organizaba los comandos según los conocimientos y la procedencia de sus miembros.

Las siguientes semanas se convirtieron en un tiempo muerto antes de recibir nuevas noticias sobre la actividad que deberían realizar a continuación. Los días eran un bucle de repetición y aburrimiento, un encierro que podía emular a la pausa lenta de ver el reloj parado, con los nervios y tiranteces lógicas entre ellos.

Susana mantenía una relación sentimental con Heavy, y eso les brindaba una ventaja de la que ni Zubieta ni Germán disfrutaban. Tan solo recibían la visita del enlace, que les traía algo de comida, lo que necesitaban para el aseo personal y el periódico *Egin,* que devoraban todos ellos para distraerse lo máximo posible. Más de una vez discutieron por ver quién hacía los crucigramas y los juegos impresos en el diario, y decidieron al fin resolverlos en un papel por separado para que todos pudieran disponer del juego de palabras. Tampoco se perdían los programas de la televisión pública, como el que presentaba Elena Ochoa por las noches sobre sexo, el *No te rías que es peor* o la serie *Brigada Central,* de la que criticaban la forma en la que la Policía detenía a los sospechosos. Germán solía ser el encargado de hacer la comida, ya que manejaba los fogones con la misma maestría que las armas, y de vez en cuando el propio Zubieta se deleitaba con guisos de cocción lenta, de esos que aprendió de niño en el caserío de Oyarzun con su *ama.*

Lo que más le costaba a Zubieta era no ver a Ainhoa, pues desde que salieron de Hendaya no había tenido contacto alguno ni con la niña ni con su madre. Además, el hecho de haberse cargado al padre le dejaba un poso de remordimiento que se traducía en una extraña sensación de propiedad sobre la pequeña. Al menos sabía que estaba en buenas manos, pues Asier se ocupaba de su seguridad, pero no tenía claro si estaban en el viejo caserío o en la casa del propio lugarteniente de Zubieta, quien, al no estar fichado por la Guardia Civil, podía moverse a sus anchas por las provincias de Navarra y Guipúzcoa.

Los cuatro miembros del Comando Nafarroa también aprovechaban para planificar los siguientes objetivos, aunque no establecían fechas para ejecutar las acciones, pues necesitaban que, desde Francia, Paco activara los comandos cuando creyera que estaban a salvo. Los golpes recibidos por parte de la Guardia Civil habían sido duros y, cuando esto sucedía, las acciones se recrudecían de forma más violenta si cabe. Lo que sí sabían con seguridad era que pronto deberían recuperar los explosivos y las armas que guardaban en los zulos de La Foz de Lumbier y de las cercanías de Lecumberri, ya que con la detención de Joseba probablemente se anularían también las opciones de conseguir nuevos explosivos. Pero para eso faltaba por lo menos un mes, en el que debían dejar de existir. No podían dar señal alguna de actividad, tan solo esperar las órdenes de la cúpula para seguir marcando su agenda de terror.

★ ★ ★

Deva y Juanjo viajaron a Madrid para disfrutar de un permiso de tres días tras la detención del jefe del aparato logístico de ETA. Habían quedado en que solo uno de esos tres días compartirían mesa y barra con algunos compañeros de Juanjo que también se habían desplazado a la capital para salir de marcha, desconectar un poco y dedicarse al ocio y a vivir como hacían la mayoría de los jóvenes de su edad, aunque fueran pocas veces las que podían permitirse el lujo de hacerlo juntos. Deva había reservado un hotel en el centro, muy cercano al ruido de la noche, donde estarían en contacto con los ambientes nocturnos de la capital.

La Guardia Civil disponía de algunas residencias a disposición de sus miembros, pero en esta ocasión tanto Juanjo como Deva preferían la clandestinidad de un hotel para poder estar juntos.

La noche que llegaron fueron directos hasta la calle de San Bernardo con Gran Vía. El hotel era conocido, pero modesto; lo que podían permitirse con el salario del que disponían. La primera noche apenas salieron de la habitación. Se tenían ganas, demasiadas, como cuando alguien estorba en sus movimientos por una ansiedad que le come por dentro y que no se sacia de primeras.

A la mañana siguiente salieron temprano para recorrer algunos de los rincones más aclamados de Madrid. Se perdieron por el Paseo del Prado, visitaron el Reina Sofía y el Museo del Prado, y a Deva le quedó tiempo para sacar dos entradas para ver en el cine una de las películas que rompían la taquilla, *La caza del Octubre Rojo,* un largometraje que narraba la odisea que el personaje interpretado por Sean Connery vivió bajo el mar en plena Guerra Fría contra el alto mando soviético.

En el cine, el olor a palomitas se mezclaba con el humo de algunos espectadores que fumaban durante la emisión, pero ni Deva ni Juanjo atendían a otra cosa que no fuera el roce de su piel, dejando que sus manos se posaran entrelazadas entre ellos. Se largaron de la sala antes de que terminara la proyección. Tenían hambre de sus cuerpos, no terminaban de saciarse el uno del otro. Al día siguiente, habían quedado para comer con los compañeros de unidad de Juanjo y eligieron un mesón cercano al Rastro que Deva conocía bien de cuando estuvo en Madrid buscando recursos para la que luego fue su primera misión en el País Vasco.

Durante el almuerzo, todos los miembros del GAR se contaron las batallas que vivieron juntos en algunas de sus misiones y durante las semanas de entrenamiento en Logroño. Eran hazañas que llenaban de risa las mesas, de anécdotas y vivencias que borraban las diferencias entre ellos. Deva observó que todos respetaban a Juanjo de una forma casi visceral, y fue comprendiendo poco a poco la fuerza que tenían esos lazos entre ellos. Le encantaba cuando hablaban de él en tercera persona, de su nervio por asumir responsabilidades y riesgos, y de la resistencia que su «gallo» demostró cuando les admitieron en alguna de las pruebas de aptitud para entrar en el GAR.

Contaron que los primeros veinte días apenas pudieron dormir. Los mandos les despertaban de improviso y varias veces durante la noche para no dejarles conciliar el sueño ni media hora seguida. Después, debían formar con todo el equipo preparado y a quien llegaba tarde le caía una buena reprimenda por parte de los instructores. Más tarde, fuera la hora que fuera y dependiendo del mando que tocaba, les hacían recorrer una marcha que generalmente era de veinte o veinticinco kilómetros. Al que llegaba tarde se lo llevaban de vuelta a seguir andando para que no se olvidara de la puntualidad. Después pasaban revista y volvían a tener que presentar el equipo completo y…

—¿Recuerdas cuando se le olvidó al gallego la cantimplora?

Todos se rieron a carcajadas porque aquella maldita noche a un compañero de curso, de origen gallego, le obligaron a recorrer los veinticinco kilómetros de vuelta con las cantimploras de toda la unidad, además de todo su equipo. Cincuenta kilómetros que le hicieron pedir un cambio de destino y olvidarse de entrar en ella. Juanjo, entonces, contó lo que sucedió cuando pasaron el primer filtro para formar parte de la unidad.

—Recuerdo cuando nos mandaron al pueblo ese abandonado, después de Valdemoro. Joder, el sitio donde nos metieron a vivir no tenía ni techo y hacía una rasca tremenda, estábamos bajo cero. Tuvimos que seleccionar algunas ropas que no íbamos a necesitar para poder calentarnos y hacer un fuego, frente al cual nos pegamos cuerpo con cuerpo todos los alumnos. Luego nos dieron una localización, a ciento veinte kilómetros de nuestra posición, adonde teníamos que llegar en menos de veinticuatro horas. Luis y yo convencimos a un camionero que pasaba por la comarca para que nos acercara lo máximo posible, pero el tipo nos dejó a más de cuarenta kilómetros, que hicimos casi corriendo con los veinticinco kilos que pesaba la mochila…

—¿Y lo del atasco en la Castellana? —preguntó otro compañero.

—Eso fue de traca. Nos dijeron los mandos que teníamos que provocar un colapso en la calle sin poner en riesgo la integridad de la gente, claro…

—¿Y qué hiciste? —preguntó Deva.

—Pues esperé a que el semáforo estuviera en rojo y fui uno a uno cogiendo las llaves de los coches que estaban por salir y me largué corriendo hasta el otro lado de la calle. Como era verano y los conductores llevaban las ventanillas abiertas, lo tuve más fácil, aunque un policía municipal casi me empapela…

Y se escuchó otra carcajada que llenó el salón del mesón donde estaban disfrutando de aquellas anécdotas. Deva flipaba por lo duros que eran estos tipos que darían la vida sin dudarlo por cada uno de sus compañeros o de cualquier ciudadano desconocido. Sabía que con hombres así los pistoleros de ETA tenían los días contados; solo era cuestión de tiempo.

Aquella noche salieron todos juntos por la capital. Poco quedaba de los pelos de colores, de los bares de esa movida que en el centro juntó a tantos distintos que reivindicaban los cambios de régimen y el desarrollo nocturno como un bien cultural. Aun así, la noche estaba llena de gente que abarrotaba los bares de Malasaña y de Noviciado, mezclándose todas las clases y bolsillos al son de una explosión musical que al mismo toque dejaba paso a una nueva tendencia en el bucle repetitivo de lo que asomaba desde el Mediterráneo. Primero estuvieron en un bar de la calle del Pez, El 18, estrecho y donde dominaban la cerveza y los combinados en vaso de tubo. Una nube de humo impedía ver el fondo del local, sonaba rock español y los miembros del GAR se divertían identificando posibles camellos que campaban a sus anchas por el centro de la ciudad.

Cuando decidieron cambiar se metieron en una tetería especializada en copas y con olor a incienso. En la puerta, dos yonquis de poca piel y mucho pelo pedían a los clientes un par de chapas con las que seguir matándose vivos. Deva era la única chica del grupo y, como siempre, su discreción también le permitía ser una más de esa hermandad forjada a base de esfuerzo y sueño. Después fueron a una discoteca que había en la calle de Princesa. Ku, se llamaba la sala. Fue el primer momento del día en el que pudo quedarse a solas con Juanjo, pues sus compañeros se perdieron siguiendo el instinto de sus necesidades. Mientras sonaba a todo meter el último *hit* de Madonna, *Vogue,* se quedaron abrazados en medio de la pista de baile enganchando de nuevo esa necesidad que sentían el uno por el otro.

Fueron varios los que esa noche pillaron compañía y desenfreno, y antes de volver al hotel, Deva y Juanjo caminaron aturdidos por la Gran Vía, que estaba atestada de coches y ajetreo a pesar de ser las cinco y largas de la madrugada. Varios vendedores de arroz con pollo y tallarines se sentaban sobre las cajas de cartón donde guardaban su comida. La solían preparar en sus casas, con las recetas de su China natal, y se situaban entre otros vendedores de latas de cerveza. Incluso adivinaron una parrilla por el humo y el olor a chorizo frito que lo invadía todo.

Madrid era una ciudad salvaje de noche, y ellos pasaban unos días entregados a la sorpresa que pudiera depararles.

★ ★ ★

En el piso de la calle de la Estafeta la cosa no estaba tan divertida. Zubieta empezaba a sentirse impaciente, con demasiadas ganas de ver a su sobrina o, simplemente, de salir de allí. Se ansiaba por la poca comprensión que los demás mostraban hacia él, e incluso las discusiones habían subido de tono respecto a la pareja que formaban unos y lo solos que se sentían los otros. Siempre que salía el tema, Heavy le recordaba las órdenes de la cúpula, el cuidado que debían tener esos días y lo poco que les debía él a los jefes de la banda. Parecía como si el equipo preparara un motín contra ellos mismos, e incluso Susana llegó a amenazar a Zubieta con chivarse a la dirección si se le ocurría salir de allí. Pero Zubieta ya había contactado con Asier la noche anterior para que le llevara uno o dos días junto a su madre y su sobrina. Ni Susana ni Heavy, ni siquiera Germán, eran conscientes que a Lehoia no se le podía parar tan fácilmente.

A la mañana siguiente, cuando los demás despertaron, Zubieta había salido del piso. Asier fue a recogerle a las seis y media de la mañana. Cuando los otros miembros del comando se dieron cuenta de su ausencia, ellos ya estaban llegando a Oyarzun, al caserío del *ama* de Zubieta, adonde habían vuelto tras huir de Francia. Zubieta no solo quería verlas; también pretendía darles dinero y mantener una especie de despedida por el horizonte que se dibujaba para los próximos meses, ya que él tenía claro que se avecinaban tiempos con muchas acciones contra distintos objetivos y que apenas podrían verse. No sentía apenas remordimientos por lo sucedido con el padre de la cría; al revés, estaba convencido de que darle el pase había sido la mejor opción, y más aún con la sospecha de que fuera él quien les había delatado. Ainhoa había pasado el curso escolar entre España y Francia y, gracias a su corta edad, no repetiría y contaría con la ayuda del director de la ikastola de Oyarzun, que era partidario de la lucha antiterrorista y sabía de la relación de Zubieta con el colectivo *abertzale*. Si pertenecía a ETA era imposible saberlo, ya que el hermetismo era absoluto.

Durante el trayecto hasta el caserío, Zubieta apenas pronunció una palabra, tan solo repasó un par de veces su pasado ficticio, aquel que le habían proporcionado con documentación falsa gracias al responsable del comando que tenían en Francia. También se había teñido el pelo de moreno, se había dejado un frondoso bigote y se había hecho un tatuaje en uno de sus antebrazos, tratando así de limitar las opciones de ser reconocido en caso de encontrarse con un control de la Guardia Civil. Llevaba su Browning de 9 milímetros en el interior de un pequeño zulo situado en el salpicadero del coche, al que se accedía sacando el pesado radiocasete portátil. Pero lo más importante era evitar cualquier salida de la autopista, ya que eran los sitios indicados por la Ertzaintza y la Guardia Civil para apostarse y realizar controles.

Cuando tomaron la pista forestal que terminaba en el caserío, Zubieta contempló ese paisaje tan suyo que al mismo tiempo parecía no pertenecerle. Le invadió una sensación de prestado, a sabiendas de que, por mucho que llegara a su casa, ya no podría tenerlo como tantas veces lo tuvo en el pasado. Esa extraña pertenencia, las raíces de todo lo que Zubieta era y que ahora solo podía visitar durante un rato, pues Asier le esperaría para devolverle a Pamplona lo antes posible y evitar así que los demás miembros del comando tomaran medidas contra él o tuvieran tiempo de contactar con la cúpula y fuera esta quien le aplicara un correctivo ejemplarizante. Quién sabe de lo que podrían ser capaces si un verso suelto les desafiaba...

También la madre de Zubieta entendía que no se podía plantar ante los jefes de la organización. Ella, que había vivido todo desde el principio, incluso la pérdida del padre de Zubieta en un enfrentamiento armado con los grises a principios de los años sesenta. Por eso, en estos tiempos ya no se sentía segura del todo ni en Oyarzun ni en ningún rincón del sur de Francia. Era una mujer de las de antes, de pocas preguntas y muchas certezas, y asumía su situación, pero también era la única que podía decirle las cosas claras a su hijo. Cuando lo vio aparecer por la parte trasera del caserón, apenas se inmutó y no dejó de tender las sábanas hacia el sol que pegaba desde el sur.

—¿Por qué estás aquí, hijo?

—Buenas, *ama*. Tenía que verte a ti y a la niña.

—La niña está en la ikastola. La recoge a diario la mujer de Aitor. Debiste avisarnos, aunque no creo que sea buena idea.

—*Ama,* ahora estaré un tiempo faltando.

—Es lo que tienes que hacer.

—En verano deberíais ir a Lecumberri. El padre Larzábal o Asier podrán ocuparse de vuestras necesidades.

—Yo no necesito nada, Zubieta, solo que sigas vivo.

—*Ama,* no sé por qué dices eso.

—¿Crees que no sé cómo funciona esto? ¿Saben acaso que estás aquí?

—A veces creo que eres una bruja.

—No digas tonterías. Leo la prensa.

—Soy un *gudari, ama,* pero también os tengo a vosotras.

—No me gustaría que acabaras como Yoyes. ¿Acaso te olvidaste?

—Esa fue una traidora, *ama,* yo solo he venido a veros…

Lo de Yoyes lo recordaban casi todos los que llevaban ya un tiempo en la *borroka.* Ocurrió en Ordicia a finales de 1986. Yoyes, que fue una pionera en la lucha, fue cambiando de opinión y sumándose a la corriente de los *milis,* los que pensaban más en la vía política que en la militar, cuando ETA se dividió casi por completo en dos frentes. Ella, que era amiga de Domingo Iturbe y de Argala, jefes de la banda, vivió una revolución de su pensamiento y de sus acciones, influenciada por las teorías de Moreno Bergareche y otros miembros de ETA que pensaban en el futuro y en la independencia de Euskal Herria desde el Parlamento y no desde las bombas. Antes de eso, y cuando el Batallón Franco Español asesinó a Argala en Francia, Yoyes pasó a formar parte de la cúpula de ETA, pero los miembros de los *berezis,* que cada vez tomaban más peso dentro de la organización, la obligaron a tener más de un enfrentamiento con algunos de sus integrantes, como sucedió con Eugenio Etxebeste,

Antxon, con quien se fracturó su relación de tal manera que la situación se hizo irreversible.

Algunos miembros de la banda comenzaron a amenazarla por sus teorías políticas, y fue entonces cuando negoció con la cúpula para abandonarla y se fue a vivir a México. Allí, además de estudiar sociología y filosofía, comprendió que el camino nunca más serían las armas, y llegó a trabajar en la ONU, aunque siempre manteniendo una discreción forzada y sin criticar abiertamente a ETA, que no aceptaba de buen grado que una de sus dirigentes se hubiera pasado de golpe al otro bando. Quiso volver a España en 1984, pero la cúpula le hizo saber que no era seguro, pues los jóvenes *polimilis* no aceptaban del todo su cambio de postura.

Primero se instaló en París, donde comenzó a entablar conversaciones con Txomin Iturbe para que le permitieran regresar a España, al tiempo que contactó con el director de Seguridad del Estado español, Julián Sancristóbal, para intentar acogerse a la Ley de Amnistía que se aprobó en 1977 y que permitía la libertad de los miembros de ETA que no tuvieran causas pendientes con la justicia española. Los dos aprobaron su regreso a España, aunque Txomin le puso la condición de mantener la máxima discreción porque otros miembros de ETA podrían querer seguir su ejemplo y abandonar la organización terrorista. Temían que, en cierto modo, Yoyes iniciara una campaña política a favor de abandonar las armas.

Una vez en España, Yoyes se instaló en San Sebastián con su marido y con su hijo pequeño. Trató de pasar desapercibida, pero un reportaje de *Cambio 16,* con una foto de Yoyes en la portada, no ayudó a calmar los ánimos de la corriente más radical que se estaba adueñando de la banda, aunque ella aún contaba con la protección de Txomin Iturbe, un tipo que conseguía mantener la lealtad de las dos corrientes de ETA.

Pero, de pronto, cuando la Policía francesa detuvo a Txomin y le deportaron a Argelia, los antiguos *poli-milis* se hicieron con la dirección de la banda y nombraron a Paco jefe de la organización. Tras varias reuniones, la nueva dirección de ETA decidió no consentir que una persona que había formado parte de la cúpula campara a sus anchas por San Sebastián, de manera que amenazaron a Yoyes. Ella, además de ser una disidente, decidió dejar de huir y plantarles cara, y eso no podían consentirlo ni Paco ni el resto de los *berezis*. La condenaron a muerte y llenaron la provincia de Guipúzcoa de carteles con su cara y un letrero que rezaba «traidora».

El 10 de septiembre de 1986, durante las fiestas de Ordicia, pedanía de la que también era originario Paco, Yoyes paseaba junto a su hijo de tres años por la feria de camiones y tractores agrícolas en la plaza Mayor. La gente estaba de celebración, el pueblo brillaba, lleno de banderines y con las típicas actuaciones de cabezudos, puestos con talos de chistorra o crema de chocolate, música y poteo desde bien entrada la mañana. Ella caminaba tranquila, aunque más de un amigo de la infancia se extrañó al verla por allí e incluso le dijeron que corría peligro, que ETA la había condenado a muerte. Yoyes estaba cansada de huir y vivía convencida de que no habría venganza, aunque en algunos momentos podría sospecharlo. Cuando estaba llegando a la plaza, se fijó en un coche que conducía un miembro del Comando Donosti y presintió lo que estaba a punto de suceder. Cogió a su hijo de la mano y le bajó del tractor al que le había subido. Aunque la plaza estaba rodeada de gente, se sintió sola y llena de miedo al ver el coche parado en uno de los extremos de la misma. Comenzó a andar para irse de allí cuando se topó con uno de los hombres fuertes de Paco, que caminaba directo hacia ella en medio del tumulto. Por un momento le perdió de vista. Pensó que quizá iban detrás de otro objetivo y fue en ese preciso instante cuando Antonio López Ruiz, *Kubati,* la paró sujetándola del brazo y le preguntó si era Yoyes. Ella asintió, Kubati la llamó «traidora de mierda» y le pegó tres tiros delante del pequeño, matándola en el acto. ETA no aceptaba fisuras y mucho menos en alguien de la talla de Yoyes.

—*Ama,* yo no soy un traidor como lo fue la de Ordicia.

—Yo quiero seguir teniendo un hijo. Ahora debes estar donde te ordenen, no donde quieras.

—Dile a Ainhoa que pronto estaremos juntos de nuevo. ¿Sabe algo de lo de su padre?

—Solo sabe que no viene a verla. Ni falta que le hace.

—*Agur, ama.*

—*Agur,* hijo.

17

LA FOZ DE LUMBIER, 25 DE JUNIO DE 1990

Desde la visita de Zubieta al caserío de Oyarzun, las cosas en el Comando Nafarroa habían vuelto a la normalidad. El resto de los miembros acordaron no avisar a Francia, porque, en cierto modo, Zubieta despertaba admiración por su determinación y compromiso dentro del colectivo. También entendieron que una niña a su cargo era suficiente para justificar el comportamiento que había demostrado durante el confinamiento, así que prefirieron dejarlo enterrado para que la convivencia entre ellos no estallara. Germán resultó fundamental para calmar los ánimos, pero sobre todo fue determinante la comunicación que recibieron para volver a actuar dos meses después del arresto en Tolosa del jefe del aparato logístico, y cuando comprobaron que la Guardia Civil no había conseguido dar con el paradero del comando.

Salieron del piso de la calle de la Estafeta en dos grupos, utilizando dos enlaces que colaboraban con el comando en acciones de vigilancia y usando sus coches particulares para abandonar la ciudad. Debían recoger el armamento que tenían en los zulos de La Foz y Lecumberri. Para evitar posibles capturas, decidieron que fuera Zubieta el encargado de llevarlos hasta La Foz y dejaron los de Lecumberri para más adelante, tratando así de evitar que pudieran reconocer a Lehoia en las inmediaciones de su pueblo natal.

La Foz de Lumbier es un paraje del todo inhóspito creado por la naturaleza más salvaje. Es un cañón formado por el río Irati al que solo se puede acceder atravesando dos túneles excavados en la montaña, uno desde Lumbier y otro desde Liédena. Los dos conducen a un siniestro paisaje rodeado de enormes paredes de roca, imposibles de escalar, que le dan un aspecto brutalista y producen la sensación de que el mundo comenzó allí. Parece el sitio donde Amalur se abrió las tripas para que de ella naciera la vida, o la muerte, pues la hostilidad de su forma lo convierte en una rareza en la que se mezclan todos y cada uno de los secretos de la fauna y la flora.

El río Irati baña el centro del cañón y baja rugiendo por el choque del agua desde las montañas con la roca y los enormes desniveles a los que se somete su caudal. El estruendo que provoca es el único sonido que se percibe en ese lugar tan aislado y tan primitivo que dista unos cuarenta kilómetros de Pamplona. Por esa razón, el Comando Nafarroa utilizó esa zona no solo para organizar los zulos donde escondían armamento y explosivos, sino porque el paraje les permitía entrenar y utilizarlo como uno de los lugares más seguros de la provincia. Era una ratonera. Apenas pasaba nadie, solo en verano, cuando la gente de la zona acudía a bañarse o a dar paseos. Y esa era una excusa perfecta para ellos: hacerse pasar por excursionistas.

Zubieta condujo el coche para dejar a sus compañeros de comando en aquel paraje. Él debía volver para recoger las instrucciones que la cúpula les proporcionaría sobre las nuevas acciones. Había quedado con un enlace en las cercanías del monasterio de Leyre, en Yesa, para recibir documentación falsa nueva y el resto de papeles que la cúpula había dispuesto. De los cuatro miembros del comando, Zubieta era el que mejor conocía los caminos forestales de la zona, por lo que no hubo dudas sobre quién debía moverse por allí. Utilizó un Seat 127 rojo que les había proporcionado un vecino de Aranguren, dueño de un taller de coches. El vehículo tenía la documentación en regla y estaba a nombre de la empresa que gestionaba el taller; no tendría por qué tener problemas si se topaba con los guardias.

Dejó a sus compañeros de comando al otro lado de la boca del túnel, al que se accedía desde el pueblo de Lumbier, y volvió sobre sus pasos para recoger las instrucciones en Yesa, donde el correo le esperaba con la documentación. Era curioso el hecho de que la mayoría de las veces echaban a suertes quién dispararía, quién sería el encargado de vigilar o quién conduciría el coche en la huida. Otras, sin embargo, estas tareas se adjudicaban por distintas razones: si era un paisano del pueblo, si en el pasado hubo algún trato con alguno de ellos o cosas así, aunque el azar era la mejor baza, pues todos querían apretar el gatillo o pulsar el detonador del mando a distancia que haría explosionar la bomba...

En el puesto de la Guardia Civil de Lumbier se venían repitiendo algunas denuncias por robos en los coches de los excursionistas, que aprovechaban los comienzos de junio para bañarse en el río o hacer las rutas de montaña. El sargento Hervás y un cabo primero decidieron pasarse por la zona para hacer algunas comprobaciones y estudiar la situación. Salieron temprano, a primera hora de la mañana, y utilizaron la entrada del túnel de Lumbier, la misma que Zubieta había abandonado minutos antes.

Mientras la pareja de guardias inspeccionaba el lugar, el sargento vio a una persona con una bolsa de deporte en las inmediaciones de la orilla del río. Le pareció sospechoso y decidió bajar para identificarle, mientras el cabo primero se quedaba en el Nissan Patrol. El sargento bajó con cuidado el terraplén que llegaba al río, por lo empinado del terreno y por temor a tropezar y caer rodando. Al llegar a la altura del tipo al que quería identificar, aparecieron otras dos personas con bolsas deportivas. Eran dos hombres y una mujer, y les pidió la documentación para que se identificaran, pensando que podría tratarse de los sospechosos de robo. El cabo primero comunicó por radio que habían visto a un individuo y no tardó en llegar otra patrulla, mientras el sargento permanecía abajo con los tres miembros del comando. Desde arriba apenas se veía nada, no solo por el desnivel, sino también por la flora que atesoraba el valle.

Heavy comenzó a abrir muy lentamente la bolsa deportiva mientras Susana y Germán caminaban lentamente, sin perder un segundo de vista al guardia. Cuando Heavy abrió la mochila del todo, sacó una pistola y le descerrajó dos tiros a Hervás, que cayó a plomo contra el suelo y perdió la vida prácticamente en el acto. Susana se acercó entonces a comprobar el cuerpo ya sin vida del sargento y le quitó del cinto la pistola reglamentaria Star, mientras, desde el camino de arriba, la patrulla que acababa de llegar desde el cuartel de Lizarralde empezaba a bajar la difícil pista tras escuchar las detonaciones.

—Cristóbal, llama corriendo —ordenó uno de los guardias civiles.

—¿Eso han sido disparos? —preguntó el cabo primero, dominado por el miedo.

—¡Alto, Guardia Civil! —gritó uno de los que bajaban por la senda.

Susana, Heavy y Germán iniciaron un tiroteo contra los guardias civiles.

—¿De dónde han salido tantos *txakurras?* —preguntó Germán mientras intentaban ponerse a salvo.

Los disparos se sucedían entre los dos bandos. Heavy se escondió detrás de una roca para tener mejor visión y alcanzó a un suboficial en plena cadera, tumbándole por el impacto. Susana y Germán disparaban hacia la salida del camino y hacia arriba, donde estaban aparcados los Patrol de la Benemérita.

—Necesitamos apoyo urgente. Han disparado al sargento Hervás.

—Por favor, indique su posición.

—Estamos en La Foz de Lumbier. ¡Nos están disparando varios individuos!

—Avisamos a las unidades.

En el río continuaba el tiroteo. Uno de los guardias alcanzó a Germán en la pierna, pero las dificultades del terreno impedían que se produjera el cuerpo a cuerpo, circunstancia que los miembros del Comando Nafarroa aprovecharon para huir río arriba, hacia una pared que finalmente se convertiría en una ratonera de la que no podrían escapar. Mientras huían, una pareja de holandeses que estaba haciendo senderismo se cruzó con los tres etarras, que dudaron un momento si abrir fuego o no contra ellos, aunque al final les dejaron marchar. Mientras tanto, los miembros de la Guardia Civil que ya bajaban hasta el cuerpo sin vida del sargento llamaron a emergencias para que pudieran atender la herida de la cadera del suboficial.

En el cuartel del GAR, el comandante recibió el aviso de apoyo a los compañeros atacados. No tardaron ni cuatro mi-

nutos en ponerse en marcha y dos unidades salieron escope-
tadas hacia La Foz para socorrerles. También contaron con el
apoyo aéreo de un helicóptero que intentaría localizarles
para facilitar el operativo. Fue una casualidad, ya que el helicóptero se encontraba dando cobertura en Pamplona a la
inauguración de un hospital por parte de la infanta Elena.
No tardó en llegar y prestar apoyo a sus compañeros. Mientras tanto, el comando huía hacia el fondo del cañón, sin entender que no encontrarían una salida posible a su situación.

A la una del mediodía, una hora después del primer disparo, miembros del GAR iniciaron el descenso hasta el río,
acompañados de dos unidades de perros para detectar posibles
explosivos que hubieran dejado preparados los terroristas, y
un equipo médico para atender al suboficial herido. También
comprobaron que el sargento Hervás estaba muerto.

Acordonaron la zona para impedir la entrada o salida
por los dos túneles y varias patrullas colocaron controles
para identificar todos los vehículos que se encontraran en la
zona.

Los miembros del GAR iniciaron la batida del lugar en
busca de los pistoleros. Juanjo estaba en la unidad que iba
delante, junto a los perros que rastreaban cada arbusto, cada
escondrijo de roca o los árboles, pues no permitirían que
ninguno de ellos saliera de allí después de la muerte de un
compañero. Caminaban despacio, cubriendo cada uno la
espalda del otro, vigilando los lados, mirando el suelo, tratando de encontrar cualquier huella que los etarras hubieran
dejado a su paso.

Buscaban la sangre de la herida de uno de los miembros
del comando como quien busca un tesoro. Las ganas de
atraparlos eran indescriptibles. La batida duró varias horas.

★ ★ ★

Zubieta acababa de verse con el enlace en Yesa. Le entregaron una lista con los siguientes objetivos, entre los que se encontraban dos guardias civiles a los que la cúpula había dado prioridad por lo ocurrido con la captura de Joseba, como si fuera una venganza por los golpes sufridos contra el colectivo. También le proporcionaron documentación falsa y un contrato de trabajo en una empresa de Pamplona, que le sería útil después de saberse fichado por el Instituto Armado. También le dieron una radio que estaba conectada con la frecuencia de la Guardia Civil, lo que facilitaría mucho sus movimientos en caso de producirse algún aviso o para huir después de las próximas actuaciones. La llevaba apagada, pero no se le quitaba de la cabeza la última vez que estuvo con su sobrina y lo sucedido con Andoni, y respiraba convencido de que los próximos meses serían de sangre y fuego (como dijo Chaves Nogales). Paró a tomar algo en una estación de servicio y a repostar gasolina. Antes de bajarse del Seat 127, comprobó el estado de su Browning y se la colocó a la espalda para usarla en caso de encontrarse con cualquier sorpresa que arruinara sus planes.

★ ★ ★

A las tres de la tarde, el juez forense ordenó el levantamiento del cadáver del sargento; su compañero seguía en estado de *shock*. Una de las máximas grabadas a fuego en la Guardia Civil era la de no dejar nunca a un compañero solo. Por esa razón, siempre iban en pareja. No cumplir esa máxima era lo que había terminado con la vida de Luis Hervás.

El GAR continuaba con su batida, despacio, sin dejarse nada y pisoteando cada uno de los rincones por los que pasaba. Juanjo llevaba el fusil en posición de prevengan, cargado, con el dedo sujetando el gatillo. Uno de sus compañeros le seguía a medio metro de distancia, en paralelo y apuntando a los sitios que Juanjo dejaba libres, perfectamente coordinados. Cuando ya llevaban algunas horas de batida, Juanjo escuchó un ruido de ramas y vio que se movían a unos veinticinco metros de su posición. Las apuntó con su metralleta y su compañero clavó una rodilla en la tierra para disparar ante cualquier avistamiento de arma.

El sol se escondía bañando de sombra La Foz y un brillo negro sobresaltó a Juanjo, que adivinó el cañón de una pistola saliendo de entre los matorrales dirigido hacia ellos. Disparó tres veces de forma precisa sobre el objetivo, que enseguida dejó de moverse. El resto de la unidad se apresuró a rodear la posición de Juanjo para tener cubiertas todas las direcciones que la hacían vulnerable, y soltaron a dos de los perros de rastreo que los acompañaban.

—¡Alto a la Guardia Civil! —gritó Juanjo.

Nadie contestó. Los perros comenzaron a ladrar y la unidad rodeó el matorral donde apuntaban los canes con su actitud de perro de presa. Germán Rubenach estaba tendido en el suelo rodeado de sangre. Había recibido un disparo en la cabeza y dos más en el hombro y en la pierna. Los miembros del GAR lo levantaron y lo sacaron de allí para llevarlo de inmediato a un hospital de Pamplona.

Mientras, los grillos llenaban el sonido que se sumaba al del agua chocando con las piedras y curvas del río Irati. Juanjo continuaba en el campo de *borroka* con su unidad; tenían que localizar a los otros miembros del comando, pues sabía que no había escapatoria para ellos. El comandante, sin embargo, les ordenó que abandonaran la batida: la luz era escasa y ello los convertía en un blanco perfecto.

★ ★ ★

Zubieta llegó al pueblo de Lumbier cuando vio de lejos los rotativos de un coche oficial que salía en dirección a Pamplona. Tras ellos, una unidad del GAR. Su piel se erizó y colocó la mano en la guantera para coger su arma. Detuvo el coche de un frenazo seco en la carretera y se salió de ella por una vereda que, a la derecha, se perdía entre los árboles de un bosque. En ese instante encendió la radio que le habían proporcionado y sintonizó la frecuencia de la Guardia Civil. Fue entonces cuando escuchó lo que estaba pasando en el lugar en el que esa misma mañana había dejado a sus compañeros del Comando Nafarroa.

—Suspendemos la batida por la poca visibilidad —decía un oficial.

—Sellen lo antes posible los accesos y salidas de los pueblos cercanos —respondió un mando desde la Jefatura.

—Sí. El GAR se encargará mañana de continuar con la batida del paraje. Otras unidades están desplazándose hacia Lumbier, Liédenes, Yesa y Nardués. Cubriremos los cuatro pueblos.

—Confirmamos la muerte del sargento —dijo otra voz en la radio.

—El suboficial González está herido en la cadera, pero con pronóstico favorable, capitán.

—El sospechoso herido ha sido hospitalizado en Pamplona —volvió a oírse.

—Puede haber más. Esto hay que cercarlo y mañana continuaremos la batida.

Zubieta arrancó el coche y salió marcha atrás por la pista forestal. Estaba cerca de Lumbier, así que decidió atravesar el pueblo como un rayo antes de que el despliegue cortara las salidas del lugar.

Unos vecinos de Lumbier vieron el Seat 127 rojo cruzando de norte a sur, derrapando en una de las curvas y acelerando cuando se disponía a abandonar la localidad. No dejó de conducir mientras pensaba dónde esconderse y comprendió que solo el padre Larzábal podría ayudarle a desaparecer esa noche en la que su comando había sido descubierto por la Guardia Civil. Condujo hasta llegar a Lecumberri y aparcó el coche a las afueras del pueblo. La noche era demasiado oscura para que le pudieran ver en un lugar tan solitario como esa pedanía navarra.

Las viejas casonas de piedra sobria, el verde refrescando bajo la luna, ni un ruido fuera de lo habitual, ni un coche circulando, todo como lo esperaba encontrar. Se acercó hasta la puerta de la vivienda del padre Larzábal, que, como en todos los pueblos, era una vieja casa de piedra con ventanas pequeñas de grandes dimensiones. Se acercó con la pistola en la mano, no se sentía seguro, y ni mucho menos era para estarlo. Llamó dos veces, tres, dio hasta cuatro golpes con su enorme palma de pelotari, cuando vio una pequeña luz que se encendía en la habitación de arriba. Se dio la vuelta para no darle la espalda a la noche y escuchó cómo entraba la llave en la cerradura antes de oír la voz del cura.

—*Gau on* —dijo el cura.

—*Gau on,* padre, soy Zubieta.

El cura abrió la puerta y dejó que Zubieta entrara en su casa. Después se aseguró de que nadie le seguía y volvió a cerrar la puerta con una doble vuelta de llave.

—¿Qué pasa, hijo?

—Han caído, padre. Los picoletos han detenido a mis compañeros.

—¿Estás seguro?

—Sí, lo he escuchado por la radio. Yo mismo los dejé en La Foz de Lumbier esta mañana, antes de ir al monasterio de Leyre a recoger las instrucciones de Francia.

—Te estarán buscando por todas partes, Zubieta. Es peligroso que te muevas ahora.

—No tengo dónde ir, padre.

—Bien, bien. Te quedarás aquí hasta que puedas cruzar la *muga*. Hiciste bien en venir a verme, hijo. Aquí estarás a salvo.

★   ★   ★

En Inchaurrondo, el capitán González entró rápidamente en el cuarto donde Deva y sus compañeros repasaban algunas de las declaraciones de Joseba, el detenido en Tolosa.

—Cabo Valdés.

—Mi capitán.

—Ha ocurrido algo en Navarra, en el paraje de La Foz de Lumbier. Han matado a un sargento del puesto de allí. Tienen que ser los del Comando Nafarroa.

Enseguida, Deva pensó en Zubieta, el sospechoso al que llevaba siguiendo un año entero.

—El GAR se ha encargado de las batidas y han capturado herido a uno de los miembros.

—¿El GAR?

—Hay que reunirse con el comandante para transmitirles toda la información que tengamos sobre ellos. Esta vez no se nos puede escapar, Valdés.

—Sí, mi capitán.

Deva se levantó y recogió el informe donde estaban los nombres de los enlaces y todos los datos que habían recopilado sobre el Comando Nafarroa. Pero lo hizo con la cabeza puesta en Juanjo. Sabía que él estaría allí, por la proximidad de su cuartel con la zona. Ya no solo le daba miedo que un compañero resultara herido, sino que una pieza importante de su vida vestía el uniforme verde hasta las orejas, como lo vestían todos los miembros del GAR. Juanjo era parte de ella, como lo era la Guardia Civil.

—Mañana reanudarán la búsqueda de los sospechosos, pero necesitamos que pases el perfil de los miembros fichados a todas las unidades que están en la zona.

—Sí, mi capitán.

—Estamos más cerca de cogerle, Valdés. Nos acercamos.

—Señor.

Al día siguiente, a las siete de la mañana, la unidad de Juanjo inició de nuevo la batida. Media hora después encontraron el cadáver de un hombre flotando boca abajo en el río Irati. Cuando le dieron la vuelta vieron que se trataba de Heavy, que había recibido un tiro en la cabeza y llevaba muerto varias horas. En la orilla, muy cerca de su posición, también encontraron el cuerpo sin vida de Susana Arregui, que mostraba las mismas heridas en la cabeza producidas por una pistola disparada a muy corta distancia. Entendieron que en los dos casos se podía hablar de suicidio y llamaron a la juez titular para informarle del hallazgo de los cuerpos. La juez certificó la muerte de los terroristas y contemplaron la versión del suicidio como la más probable. Creían que, al no poder escapar de aquel lugar por la presencia del helicóptero, de los perros y de los miembros más preparados de la Guardia Civil, lo más probable era que los dos terroristas hubieran decidido acabar con sus vidas. A las once y media de la mañana se levantaron los cadáveres.

En la zona encontraron tres casquillos de bala, dos pertenecientes a la pistola Star que le habían robado al sargento Hervás y otro a una Sig Sauer de 9 milímetros que, tras las pesquisas, se demostró que pertenecía a Heavy. El GAR había terminado su trabajo y ahora llegaba el turno de la Policía Judicial y de los miembros del resto de cuerpos especiales de la Guardia Civil, que debían reconstruir los sucesos tal y como habían tenido lugar.

La prensa *abertzale*, tanto el *Deia* como el *Egin,* no tardó en culpar a los miembros del GAR de lo sucedido, acusándoles de acabar con la vida de los terroristas. Era una práctica habitual de esos medios para que la opinión pública *abertzale* se les echara encima, sin entender el miedo que les provocaba enfrentarse a unos lobos como eran las unidades del grupo antiterrorista. Tampoco entendían que, para ellos, lo más importante no era matarlos, por muchas ganas que tuvieran a veces de hacerlo, sino sacarles información para acabar cuanto antes con ETA.

Después de lo sucedido, algunos compañeros se reunieron para traer lo antes posible a la familia del sargento, pues la Guardia Civil no contaba con fondos suficientes para hacer todo lo que les gustaría. Entre Juanjo y sus compañeros juntaron el suficiente dinero para pagarles un hotel y unos billetes de avión a la viuda y a los padres del compañero asesinado. Esos gastos no salían de la unidad, sino de su propio bolsillo; simplemente aportaban la pasta necesaria para que entre ellos tuvieran el trato digno que merecían después de haber dado su vida por la del resto.

El director de la Guardia Civil llamó al capitán González para tratar de recabar información de primera mano sobre lo sucedido en La Foz. Después de lo ocurrido con el GAL años atrás y con los rumores de torturas que recibían en Inchaurrondo algunos detenidos, la izquierda española no tardó en hacer preguntas en el Congreso de los Diputados. Era curiosa esa doble moral que manejaban algunos cargos públicos, representantes del pueblo que muchas veces se ponían del lado de los que mataban a niños, políticos, jueces o guardias civiles, y que veían en el Cuerpo la sombra de un franquismo que llevaba con la pata estirada más de quince años y del que no quedaba resquicio alguno.

—Entonces, capitán, ¿me asegura usted que la Guardia Civil no ha sido responsable de esas muertes?

—Completamente, director. Además, si hubiera sido en defensa propia, no tendría problema alguno en reconocer el éxito de la operación. No se olvide, señor, de que un sargento ha perdido la vida, y tenemos ingresado a un suboficial con la cadera destrozada por un disparo.

—Lo sé, lo sé, capitán. Pero ya sabe usted cómo son estos voceros en el Congreso. Debo informar inmediatamente al ministro Corcuera.

Unos días después, en el Congreso de los Diputados y ante las preguntas sobre lo sucedido, el ministro del Interior prefirió declarar de forma voluntaria para atajar esa pretensión torticera de algunos partidos de la izquierda radical. El ministro declaró:

Señorías, no vengo a demostrar la inocencia de la Guardia Civil. Esta la supongo, como corresponde a un Estado de derecho. Serán los que opinen lo contrario quienes deban aportar las pruebas necesarias.

Me propongo, señorías, trasladarles la información de que dispongo en relación a los acontecimientos del pasado lunes en La Foz de Lumbier, dejando el veredicto definitivo en manos de las investigaciones aún no finalizadas por la juez encargada del caso.

Permítanme, antes de pasar a relatar lo sucedido, señorías, que crea oportuno enmarcar los hechos por los que comparezco hoy ante esta Comisión en unos términos que, por cierto, no dejan margen alguno de duda.

Primero, hacia el mediodía del 25 de junio, un sargento de la Guardia Civil, en el cumplimiento de su misión, es asesinado por tres terroristas. Segundo, tras un intercambio de disparos, estos hieren gravemente a otro miembro del cuerpo de la Guardia Civil. Tercero, horas más tarde, otros guardias civiles, compañeros del sargento asesinado, localizan a uno de los agresores, que se encuentra herido de gravedad. Cuarto, de manera inmediata solicitan los medios para que el miembro de ETA sea trasladado a un hospital. Quinto, con toda probabilidad, su localización y traslado por la Guardia Civil le salva la vida. [...] En este punto, señorías, caben dos posibilidades:

a) Que la decisión fuera colectiva y cada uno ejecutase la opción contra su persona. El hecho de que el cadáver de Susana Arregui presente dos disparos puede ser porque al tratarse de un arma semiautomática, ya que portaba la del sargento a quien se la habían sustraído, cualquier sobrepresión en el disparador en las décimas de segundo que tenía la pistola encarada pudo producir dos disparos, o incluso por defecto mecánico en el arma, porque en ocasiones, como señalo a SS. SS., esto se ha producido.

b) Que Lizarralde Urreta, por causas o motivos que obviamente desconozco, disparara contra su compañera o sus compañeros y posteriormente atentara contra su vida.

—¿Ha escuchado a Corcuera, mi capitán? Ha ido al Congreso a dar explicaciones de la operación de La Foz. La otra versión está cogiendo mucha fuerza.

—No hay otra versión, Valdés.

El caso no terminó tan fácilmente, puesto que Herri Batasuna intentó llevarlo a los tribunales y, junto a las Gestoras pro Amnistía, propuso nombrar «hijos predilectos» a los terroristas. Era una batalla que cada día generaba caminos paralelos, pues, además de la *borroka* en la que luchaba la Guardia Civil, la vía política era cada vez más soez e indecente respecto a una banda terrorista que asesinaba a la gente. La sociedad española no terminaba de curarse, y muchas veces se anteponían las acciones de terror de ETA a lo que habría sido el lógico funcionamiento de una mente normal. La posición de una parte de la izquierda era insólita e increíble, especialmente teniendo en cuenta el amplio catálogo de víctimas que acumulaba la banda. ¿Cómo podía algún demócrata ponerse del lado de los asesinos?

★ ★ ★

Mientras esto sucedía, en Lecumberri, el padre Larzábal salió de su casa por la mañana para dirigirse a la parroquia del Pilar. Entró por el lateral, por la puerta que daba acceso a su despacho, y se sentó a su mesa para marcar un número de teléfono que tenía anotado en un papel que había sacado de su sotana. Esperó que contestaran al otro lado. Nadie lo hizo. Su misión ahora era hacer saber a algún enlace que Zubieta estaba bajo su protección en la parroquia del pueblo. No era tarea fácil, pues incluso los miembros más cercanos al colectivo *abertzale* eran reacios a confesar su implicación con la banda. Después de algunos días, Zubieta le dio al padre Larzábal la ubicación de uno de los buzones que utilizaba para comunicarse con su enlace. Allí dejó el padre anotada la situación en la que se encontraban. Una semana después sonó el teléfono del despacho parroquial.

—Entendido, padre. Hay que pasar la *muga*. Le dejaremos en el buzón el modo de hacerlo.

Colgaron.

18
Hospital de Pamplona

Cuando Germán Rubenach se recuperó de las heridas de bala sufridas en La Foz de Lumbier, también comenzó a recobrar la memoria y el habla, pues una de las balas le había atravesado la boca dejándolo completamente mudo. Estaba custodiado día y noche por diez agentes de la Guardia Civil, ya que era el único acusado que estaba detenido por la muerte del sargento Hervás, a falta de otras actuaciones que se le atribuyeran al Comando Nafarroa. Deva y el capitán González esperaban poder interrogarle pronto, aunque la jueza del caso no se lo había permitido aún debido al estado del terrorista.

Una de esas tardes, antes que se levantara el veto para hablar con él, Deva y el capitán se encontraban en la cafetería del hospital de Pamplona terminando de preparar un plan que les permitiera conseguir más datos sobre Zubieta. De todos los miembros del comando, era el único que había desaparecido sin dejar rastro. Por eso, y antes de que se llenara el hospital de miembros de las Gestoras Pro Amnistía o de representantes políticos de la izquierda *abertzale,* el capitán decidió intervenir utilizando un método completamente anormal respecto a lo que venía haciendo desde que comenzó la investigación. Ni siquiera Deva lo vio venir y se quedó atónita cuando, después de decirle que iba un momento al cuarto de baño, apareció vestido como un médico más, con su bata blanca y el fonendoscopio rodeándole el cuello. En el bolsillo derecho de la bata, escrito en azul constaba el nombre de «Dr. Sarasqueta», y el capitán le sonrió un instante antes de subir a la planta donde estaba la habitación del detenido.

Los guardias que custodiaban la puerta de la habitación le miraron sorprendidos y casi le saludan llevándose la mano a la frente. Aunque muchos de ellos iban de paisano, casi no pudieron evitar el impulso de obediencia ante el mando superior. Pero el capitán levantó las cejas, diciéndoles con los ojos que no se movieran para no echar a perder su plan. Una vez dentro de la habitación, Germán le miró desde la cama sin decir nada, mientras el capitán revisaba el historial médico y se tocaba la barbilla. Le guiñó un ojo y se acercó hasta la puerta para asegurarse de que estaba cerrada. Lo hizo de una forma llamativa, como para que el paciente creyera que estaba más cerca de él que de los guardias. Durante los primeros días, Germán no dijo nada. De hecho, pasaron dos semanas hasta que, por fin, realizando el mismo ejercicio de hacerse pasar por el médico, el detenido entró al trapo.

—*Egun on.*

—*Egun on,* doctor.

—No soporto a estos *txakurras* aquí todo el día —dijo el capitán.

—¿Perdón?

—Pues que deberíais haberlos matado, coño. A todos ellos.

—Conmigo casi lo consiguen.

—Somos muchos los que estamos a favor de la organización. Pronto cambiarán las cosas y a ti te vamos dejar como nuevo.

—¿Qué ha pasado con los demás? —preguntó Germán.

—Pues que esos cabrones los mataron. Encima han alegado que se suicidaron. Parece que no nos conocen del todo, suicidarse…

—A uno no consiguieron cogerlo. Es el que nos llevó por la mañana hasta La Foz. Pero tenía que reunirse con un enlace en el monasterio de Leyre para darnos la información de los siguientes objetivos.

—¿Y por qué estabais en La Foz?

—Para recoger de los zulos las armas y los explosivos. Planeábamos un atentado contra una pareja de *txakurras* en Pamplona.

—¿Te duele aquí? —preguntó el capitán, disimulando, mientras le tocaba la pierna.

—*Bai.*

—Bueno, veremos qué tal la recuperación. Oye, Germán, ¿cómo puedo ayudarte? ¿Quieres que contacte con alguien?

—Con Zubieta estaría bien, pero estará escondido, aunque puede que haya ido a visitar a su *ama* y a su sobrina a Oyarzun.

—¿Y no hay un número o algo al que pueda llamar?

—*Ez,* ese no deja cabos sueltos.

—Si te duele algo, te administro el calmante que necesites, ¿eh?

—Puta casualidad que el *txakurra* nos preguntara…

—Bueno, si necesitas que contacte con alguien en Francia o algo, tengo amigos dentro del colectivo.

—*Eskerrik asko,* doctor… Sarasqueta. ¿Es usted de Éibar?

—*Bai* —dijo el capitán.

—Yo le echaba más del norte, de Irún o por ahí.

—Tengo familia allí. Mañana vengo a verte de nuevo, por si necesitas algo más. Y recuerda que, mientras estés aquí ingresado, podemos ayudarte a contactar.

—*Eskerrik asko,* doctor.

Nada más salir de la habitación, pidió a los guardias que no dejasen entrar a nadie que no fuera personal médico autorizado. Bajó las escaleras para encontrarse con Deva. Además de la información que tenía sobre la participación de Zubieta la mañana de La Foz, también quería decirle que podría estar escondido en el caserío de Oyarzun. Era importante actuar con rapidez, pero más aún atrapar al miembro liberado que les faltaba y que podía ponerles tras la pista de la cúpula en Francia. Un abogado de la izquierda *abertzale* estaba en el hospital tratando de que le dejaran ver a Germán. Le había enviado la banda, el colectivo, porque no solo se enfrentaba a la muerte del sargento Hervás, sino que tenían la sospecha de que había sido el causante de la muerte de su compañera, Susana Arregui, cuando ella y Heavy decidieron terminar con sus vidas al verse acorralados.

En la primera declaración de Germán, todavía convaleciente por las heridas de bala, reconoció el intento de suicidio cuando se vieron atrapados en el paraje de La Foz. Sin embargo, tras reunirse con el abogado del colectivo, decidió cambiar de versión y alegar que en ningún caso se suicidaron, sino que los miembros del GAR los habían matado.

—*Egun on,* Germán —le saludó el abogado cuando el juez permitió la visita.

—*Egun on.*

—Espero que no hayas hablado con nadie de lo ocurrido en La Foz. Tenemos que dar la versión del enfrentamiento armado y es muy importante que no haya fisuras en tus declaraciones.

—*Bai.*

—¿Has hablado con alguien, aparte de mí, sobre este tema?

—*Ez...* Bueno, hablé con un médico que pertenece a la organización.

—¿Cómo?

—*Bai,* con ese que está ahí fuera hablando con los guardias. Es de los nuestros.

—¡No me digas que te refieres a ese que está ahí!

—*Bai.*

—¡Es un *txakurra!* ¿Qué le has contado?

Deva y el capitán hablaban en el pasillo del hospital sobre la operación que estaban a punto de poner en marcha. Recurrirían a una unidad de la UEI, pues era más que probable que, si Zubieta no había abandonado España, estuviera escondido en las inmediaciones de Oyarzun o en el mismo caserío. Debían ser rápidos, sobre todo desde que el capitán se dio cuenta de que el abogado *abertzale* sabía que había engañado a Germán en la cama del hospital.

★   ★   ★

Una enorme niebla baja cubría los pastos de alrededor del caserío de Oyarzun. Apenas se podía ver, todo estaba bañado en el blanco espeso de una forma que se movía compacta hacia el monte, fundiéndose con un cielo que era gris y pardo, sin dejar que el sol se pudiera percibir por el escudo que formaba la neblina. No se escuchaba nada más allá del grito aislado y lejano de un halcón que sobrevolaba la zona, alejándose a cada reclamo que el eco repetía hacia el valle donde se levantaba, sobria y aislada, la construcción de piedra. Parecía una parte más del paisaje, como si hubiera sido plantada a la vez que los robles y castaños que formaban el manto de bosque de alrededor.

Los miembros de la UEI habían entrado a la zona de Oyarzun por el monte, guiados por un comandante del GAR que conocía aquel paraje a la perfección. Querían descubrir si alguno de los cobertizos que se usaron antaño para resguardar el ganado en invierno servía ahora de refugio al objetivo, y descartar cualquier otra opción de escapar. Eran las siete de la mañana y el día no había tomado aún su forma de lo perezosa que se levantaba la jornada. Bajaban por una pista que unía el enorme monte de Oyarzun desde la cascada de Aitzondo, una zona completamente despoblada que lindaba casi con la frontera en medio del Bidasoa.

Algunas siembras permitían que los guardias pudieran echar el cuerpo a tierra para observar con los prismáticos, aunque la dificultad de la visión por la niebla y las dos luces que separaban la noche y el día la convertía en una misión de lo más compleja. Todo estaba repleto de helechos, donde las garrapatas conviven con el rocío del aire. Los miembros de la UEI se desplazaban despacio, pero sin dejarse un palmo del terreno sin revisar. Siguieron bajando por Urdiñerriko erreka y se posicionaron como una flecha lanzada desde lo más alto de la cordillera de Irún hasta llegar al límite de la finca del caserío. Se arrastraron por el suelo para vencer los espinos de la valla que contenía al ganado, y siguieron así cuando vislumbraban al fondo del valle la única luz que había encendida en la puerta del caserío. Estaban conectados por una frecuencia que solo escuchaban ellos, además del capitán González y Deva, que seguían el operativo desde el cuartel de Irún.

A la derecha del valle vieron uno de esos invernales de madera podrida de un color oscuro que rozaba el ocre, y el jefe de la unidad hizo la señal de dos dedos seguida del señalamiento hacia allí. Dos miembros de la unidad se arrastraron en paralelo hacia el cobertizo hasta que llegaron a unos tres metros de distancia de la puerta. Entonces, uno se puso de rodillas, apuntando hacia los maderos, mientras su compañero avanzaba en cuclillas con el cañón del fusil por delante. Cuando llegó a tocar la puerta, el otro se levantó y avanzó hasta colocarse al otro lado de su compañero. Después de una cuenta atrás muda que acompasaron con los dedos, entraron los dos apuntando a derecha e izquierda con sus armas reglamentarias. «Negativo», se escuchó en las radios de los demás miembros de la unidad.

La noche anterior, la *amona* le contó a la pequeña Ainhoa la leyenda de Aideko para dormirse. Este nombre provenía del aire, del ruido del viento, y era uno de los genios responsables de hacerles la vida imposible a los hombres, el causante de muchas de las enfermedades que asolaron al ser humano en la antigüedad, como aquella peste de cólera que arrasó Zegama durante el siglo XVIII. Siempre aparecía cuando la niebla espesa cubría los valles de Guipúzcoa o del Iparralde. Le contó a la niña aquello que sucedió en Segura, cuando la neblina pasó por sus calles y al día siguiente la peste de fiebre negra masacró a la población. Su bruma dañaba huertos y cultivos, y también los animales eran el objetivo de los males que Aideko repartía a su paso. Ainhoa, que miraba por la ventana del caserío, solo veía la niebla que llegaba para quedarse y, asustada, preguntó a su *amona* cómo podían enfrentarse a ese mal que parecía haber llegado al valle de Oyarzun la noche anterior.

—Los únicos métodos para vencerle, hija, son la magia de Amalur y la oración.

La niña consiguió dormirse después de escuchar en palabras de su *amona* el antídoto para hacer frente a ese genio con cara de niebla y humo que parecía llegar al valle.

El equipo de la UEI siguió bajando hasta rodear por completo el caserón con sigilo, hasta que un mastín que estaba atado a una cadena empezó a ladrar con un sonido grave y profundo que alertó a la *amona* en su habitación, obligándola a levantarse para comprobar desde la ventana lo que sucedía. Vio que todo estaba cubierto de nubes bajas y entendió que su perro habría visto algún zorro o algún otro animal salvaje merodeando por la zona. Miró la hora en su reloj de muñeca, pero el perro seguía ladrando y eso le hizo sospechar. Sabía cómo reaccionaba en cada ocasión para defenderlas. Entonces, el jefe de la unidad hizo un gesto al resto de su equipo y aceleraron la marcha hasta que cubrieron todas las puertas, pegados a los muros de piedra y a la espera de la señal que les indicara que podían entrar en el caserío.

La *amona* despertó a Asier, que cogió su arma cuando oyó los ladridos del perro y la urgencia de la señora. Fue corriendo hasta la habitación de Ainhoa, que dormía plácidamente. La cogió en brazos mientras la niña se despertaba, molesta por la prisa y las formas, y preguntaba entre sollozos qué pasaba.

—Aideko, Ainhoa. Ha venido Aideko hasta la casa.

Se refugiaron en la enorme despensa que partía en dos la cocina antigua de la construcción. Asier, con la pistola en la mano, se colocó detrás de la puerta, sospechando que algo estaba a punto de suceder.

Dos guardias custodiaban ambos lados de la puerta principal, mientras otros dos compañeros se posicionaron en la trasera, la que comunicaba la cocina con una zona exterior dedicada a guardar leña. Otros dos miembros se parapetaron a una distancia suficiente como para tener a tiro la construcción entera. El mando ordenó por radio a otros miembros de la UEI que cerraran las salidas del caserío con los coches. El capitán González, que tenía una orden de registro firmada por una jueza desde la tarde anterior, esperaba el momento de ordenar que entraran. Cuando oyó al jefe de unidad confirmar que todos estaban listos en sus posiciones, dio el mensaje por radio:

—Adelante.

Derribaron la puerta empotrando el viejo madero contra Asier, a quien se le cayó la pistola por el golpe recibido.

—¡Alto a la Guardia Civil!

—¡Guardia Civil! —gritaban los agentes al unísono mientras entraban en la casa.

Los dos guardias que accedieron por detrás vieron a la *amona* con la niña y bajaron las armas en el acto. Un grito de pánico se escuchó dentro de la casa. Mientras un miembro de la UEI inmovilizaba a Asier, otro alejaba la pistola que se le había caído de una patada. La cogió un tercero que acababa de entrar en la casa. Toda la unidad, excepto dos compañeros que vigilaban fuera, estaba en el interior del caserío, como si un enjambre de avispas se hubiese apoderado de todas las estancias. Se oían los comentarios de los guardias según iban descartando la presencia de personas en las habitaciones: «Limpio, limpio, limpio», decían. Un miembro de la unidad calmaba a la *amona* y a la niña, que habían entrado en pánico debido a la presencia de todos esos hombres tapados hasta la cabeza que buscaban a su *osaba* Juan José y que iban armados hasta los dientes.

—Mi capitán, ni rastro del sospechoso.

—Bien.

—No le vais a encontrar aquí —dijo la *amona*.

—Por favor, señora, ocúpese de que la niña se calme.

—¡Cómo va a calmarse con la entrada que habéis hecho!

—Aquí tiene usted la orden del juez, señora.

—Lleven al detenido a Irún, por favor —ordenó el capitán.

—¿Qué le hacen a Asier, *amona*?

—Nada, hija, Aideko ha traído esta desgracia hasta nuestra casa.

—¿Y el *osaba*?

—Está preparando su venganza.

19

La *muga*

El padre Larzábal pudo contarle a Zubieta lo ocurrido en el caserío de Oyarzun, pues el mismo día el pueblo entero se echó a la calle para protestar por el registro de la Guardia Civil. Ni siquiera la detención de Asier servía para que la opinión pública, en especial en Norteña, se pusiera del lado del Estado de derecho y renunciara al bando de los terroristas. El párroco de Oyarzun fue quien llamó a Larzábal, ya que entre los curas de la zona se pasaban mucha información, sobre todo cuando se comprometían con el colectivo hasta los extremos del de Lecumberri. Comprendió que el cerco se estrechaba sobre Zubieta y debía preparar un plan para que pasase la *muga* lo antes posible. En Francia estaría más protegido que en cualquiera de las provincias vascas. Como toda la información estaba cada vez más compartimentada, poco importaba lo que Asier les contara a los Servicios de Información, pues el chaval no sabía nada de cómo funcionaban los jefes de ETA y su posición dentro de la banda se limitaba a proteger a la familia de Zubieta. De hecho, ni siquiera pertenecía a ningún comando. Solo dependía de él la seguridad de las mujeres de Lehoia.

El traslado desde Lecumberri hasta la frontera fue diseñado por el padre Larzábal, que aprovecharía una convención de su orden para que Zubieta pasase desapercibido en caso de ser detenidos en alguno de los controles que hubiera en la carretera. Pero, para eso, había que esperar una semana más. Zubieta, disfrazado de cura, se sumaría al resto de religiosos a los que recogería un autobús. Tuvo que afeitarse el bigote y cortarse buena parte de ese pelo de *lehoi* que tanto le caracterizaba y con el que salía en varias fotografías repartidas por los distintos cuarteles y comisarías.

Cuando alguien tiene a una niña o un niño a su cargo, lo lógico es que los ideales o actividades que hacía antes se vayan enterrando, convirtiéndose en recuerdos que luego se decoran con el paso del tiempo. Una boca depende de ti, pero no solo se trata de darle de comer, sino de no faltarle nunca, sobre todo si te has cepillado al padre por ser un yonqui. Esa es probablemente la primera gran oportunidad de cambio que se le presenta a un hombre o una mujer en su paso por la vida. Todas esas cosas que antaño resultaban divertidas dejan de serlo, al tiempo que aparece el miedo, el temor a que algo le pase o algo te pase a ti y que, por consiguiente, le hagas un flaco favor a esa persona a la que supuestamente más quieres.

Zubieta, sin embargo, estaba convencido de que debía seguir con la lucha armada porque el País Vasco que quería para Ainhoa estaba muy alejado del que conocían hasta entonces, en el que una unidad de la UEI, por ejemplo, podía registrar tu casa y servir a un Estado opresor que no reconocía la libertad del pueblo vasco. Por eso pertenecía a ETA con más convicción que nunca y, si alguna duda planeaba sobre su cabeza, esta se disipaba gracias al efecto que los propios etarras conseguían cuando eliminaban disidentes o recrudecían las *ekintzas*. Mientras todo era democracia para el resto de España, ellos solo veían a un enemigo feroz que minaba las libertades del pueblo vasco. Nunca dudó de su papel: ni siquiera saber que su sobrina le esperaba era suficiente motivo para dejarlo todo por ella.

A través de la organización, Zubieta consiguió un carné de seminarista de la Conferencia Episcopal con el mismo nombre falso que había obtenido cuando ocurrieron los sucesos de La Foz. Aunque la convención reuniría a seminaristas y sacerdotes de la orden entera, y no todos vivían en el País Vasco, nadie se atrevería a dudar de la persona que aquella mañana se subiría al autobús que, junto a otros religiosos, le llevaría hasta el monasterio de Urdax, próximo a la frontera. Zubieta y el padre Larzábal contaron con la ayuda del obispo de San Sebastián, aquel que no distinguía a las víctimas asesinadas por ETA de los terroristas que las producían, el obispo José María Setién. Pero estaban convencidos de que su paso hasta la *muga* estaría vigilado y todo dependería de Margot y de la ayuda de los colaboradores que vivían como refugiados en Francia.

El camino en autobús duró cerca de tres horas, no por la distancia, sino porque tuvieron que recoger a algunos miembros más del clero durante el trayecto. No era baladí la conexión de ETA con la Iglesia, sobre todo si miramos atrás y comprobamos que las primeras asambleas de ETA siempre tuvieron lugar en monasterios vascos. Cuando por fin llegaron a Urdax, nadie se extrañó al ver que el padre Larzábal y Zubieta se bajaban, cogían sus bolsas del portamaletas y se despedían del resto saludando con la mano.

Una vez solos, Zubieta agradeció al padre el tiempo que le había tenido escondido y las facilidades que le había proporcionado para llegar hasta allí. La distancia con la frontera

era mínima, de unos tres kilómetros a campo a través, y sin ningún caserío ni habitante que pudiese contemplar su paso por la *muga*. Debía atravesar la carretera Nacional 121b y decidió esperar a la noche para poder distinguir las luces de los coches, si es que alguno pasaba por la zona. Una vez en Francia, debería llegar hasta la Chapelle Notre Dame de l'Aubépine, donde un contacto de Margot le recogería en coche para esconderle en un piso franco hasta que la cúpula decidiera qué hacer con él. Había ciertas dudas sobre la versión oficial de lo ocurrido en La Foz, pero el compromiso de Zubieta con la banda era tan sólido que apenas habían recibido quejas sobre su comportamiento, aunque sí se enteraron de la visita que le hizo a su sobrina antes de que el Comando Nafarroa cayera. Era el único miembro que se había salvado, bien de estar muerto bien de estar arrestado, pero la cúpula tenía claro que no podrían volver a meterle en Navarra, ya que la Guardia Civil le buscaba por toda la provincia.

Cuando la noche cubría el paisaje de Urdax, Zubieta se puso en marcha disfrazado todavía de cura por aquello de tener una coartada creíble, aunque llevaba su Browning de 9 milímetros en el bolsillo de la sotana y la mano derecha sujetándola. Cruzó la carretera y se agachó para atravesar la valla de ganado de un prado enorme que estaba rodeado de fresnos y castaños. Decidió caminar por la linde del mismo para poder esconderse en caso de toparse con alguna compañía indeseable. En un mapa que le había proporcionado el padre Larzábal, Zubieta consultó la forma de esquivar la subida directa al Carrière Durruty, una enorme cantera que solía estar transitada por camiones que transportaban las piedras que le robaban a la montaña. La ruta marcada rodeaba el monte, aunque debía subir y bajar más de un desnivel. La marcha le ocupó la madrugada entera.

Ya en Francia, por los lados de la carretera de Ainhoa —para más inri—, en Nueva Aquitania, debía llegar hasta la iglesia, donde le recogerían para esconderle durante una temporada. Sacó un rosario que dejó visible en el cinto de la sotana, por si en ese amanecer algún coche de la Gendarmería se topaba con él. Pero habían elegido muy bien la zona para cruzar la frontera, pues prácticamente no se cruzó con nadie hasta media mañana, cuando un paisano de la zona, al ver que se trataba de un sacerdote, se ofreció a llevarle en su coche hasta el destino. Zubieta dudó un instante, pero recordó las instrucciones que siempre le habían dado de no aceptar ayuda por si le reconocían. Se deshizo del conductor y prosiguió su marcha, cansado pero firme, hasta llegar a la iglesia donde le esperaban a media tarde.

La subida hasta la iglesia fue el último esfuerzo que Zubieta debió superar. El camino forestal, rodeado de robles viejos, tenía cinco kilómetros de largo y un desnivel importante, que se agudizaba a cada paso por el cansancio de haber caminado la noche entera. A medida que coronaba el monte, vislumbraba las tres cruces blancas que aguardaban al lado de la pequeña capilla. La tradición contaba que la Virgen se apareció a un joven pastor en un arbusto espino que estaba en llamas, y aquel bajó al pueblo corriendo y gritando «Aranzazu» al ver aquella imagen. También había un pequeño cementerio junto a las cruces, con las lápidas de piedra añeja sobre las que crecía el musgo. La zona estaba completamente vacía de turistas y de locales, pues, como bien había comprobado Zubieta, la

llegada hasta la cumbre no era ni fácil ni corta. Al alcan-
zarla vio un viejo Santana aparcado detrás de la edificación. La capilla estaba rodeada de castaños y, aunque nadie
más se encontraba en la zona, Zubieta volvió a meterse la
mano en el bolsillo de la sotana para agarrar su pistola. La
subida había sido agotadora, pero no por eso había perdido
un ápice de su sentido de supervivencia; sentía la sangre
bombeando en el cuello como un chorro de agua pasando
por un canal a todo meter.

El conductor del Santana levantó la mano desde el interior del coche. Zubieta sacó su pistola y la ocultó en su
espalda para estar prevenido ante cualquier movimiento
sospechoso. Se acercó lentamente al vehículo, donde el
hombre fumaba un cigarrillo con la ventanilla medio
abierta. Recordó la contraseña convenida que debía decirle.

—Has sido puntual, al menos.

—No hace tiempo para ir a pescar, ¿no?

—Vamos, sube.

En ese momento, Zubieta, agotado por la marcha de
más de doce horas que llevaba a cuestas, se relajó y volvió a
guardarse la pipa. Ya estaba en Francia, a salvo de la Guardia
Civil y sabiendo que ahora le tocaba una buena temporada
escondido en el pueblo que el aparato de refugiados hubiera
seleccionado para él. Aún no sabía ni cuándo ni cómo volvería a España, y le esperaban muchos meses sin ver a su sobrina y a su *ama*. Era el precio que debía pagar, el peaje por
pertenecer a ETA y estar haciendo algo tan importante
por ellas, por él, por la independencia de Euskal Herria y por
todos y cada uno de sus compañeros caídos: los *gudaris,*
como se llamaban entre ellos.

★   ★   ★

Durante los siguientes meses, los Servicios de Información le perdieron la pista a Zubieta. Se daba por hecho que había huido a Francia, y la Gendarmería y la Policía de Aduanas y Frontera tenían el perfil detallado del terrorista que el capitán González había pasado a su compañero galo, Roger Boslé.

Aun así, sabían que no darían con él, puesto que no se arriesgaría a ser visto ni en la calle ni en ningún ambiente *abertzale* del otro lado de la *muga*.

La lucha antiterrorista tenía estos parones, tiempos en los que poco o nada se avanzaba en las investigaciones; ni siquiera Josu, el infiltrado con el que contaban los Servicios de Información, pudo aportar movimiento alguno sobre el extinto Comando Nafarroa y si se había vuelto a organizar. Por otro lado, la información sobre la cúpula de ETA hablaba de un tipo, Artapalo, y se sabía que se escondía en alguna zona del sur del país vecino, pero la información que durante varios meses permitió cercar a Margot también se desvaneció. Las estrictas normas de seguridad que se tomaron desde que las autoridades francesas colaboraron con las españolas hicieron que ETA fuese más cuidadosa que nunca, modificó sus métodos de comunicación y sustituyó a los colaboradores que podrían aspirar a puestos de relevancia.

Sin embargo, las fechas de los Juegos Olímpicos de Barcelona 92 se aproximaban y la banda terrorista deseaba poner al Gobierno de España en una situación límite que llamara la atención internacional ante un problema que para unos era un conflicto, aunque para la gran mayoría tan solo se trataba de una banda de asesinos que no tenía sitio en una país moderno y libre. Habían pasado casi veinte años de la muerte de Franco y España vivía una democracia igualitaria donde funcionaba el Estado de derecho para todos los ciudadanos.

Por eso, los tiempos muertos, los momentos en los que no se conseguían pistas eran los más temidos por los Servicios de Información, porque se sabía que se estaba cociendo algo gordo, planes que se desarrollarían para doblegar a una sociedad libre.

20

EL COMANDO BARCELONA

Barcelona se convirtió en una ciudad clave en la década de los años noventa. La selección de la ciudad para albergar los Juegos Olímpicos no solo era una forma de aceptar internacionalmente el cambio que había dado España desde el franquismo, sino que también reconocía una democracia asentada en un país que llevaba gobernado una década por el PSOE y que brindaba una nueva era para las libertades e ilusiones de la gente. Por esa razón, durante los años ochenta y en décadas posteriores, muchos de los antiguos integrantes de ETA concluyeron que, en el nuevo país, no cabían las armas y mucho menos la escalada de terror que pretendía marcar la nueva dirección de la banda terrorista. Como los miembros de los comandos eran cada vez más jóvenes, tenían menos experiencia y eran más sanguinarios. Por eso, pistoleros de la talla de Zubieta estaban tan bien valorados dentro de la organización.

Después de los meses que estuvo escondido en Francia, la cúpula dudó entre volver a integrarle en el nuevo Comando Nafarroa o enviarle a alguno de los comandos que debían ser más efectivos y letales. Tras mantener varias reuniones, decidieron que se uniera al nuevo Comando Barcelona, que debía actuar en una provincia en la que Zubieta no era tan reconocido.

El Comando Barcelona había cometido varios atentados durante 1990, aunque todavía perduraba en la memoria de todos los españoles la barbarie que supuso el famoso atentado en Hipercor, en 1987, cuando la banda explotó un coche bomba en el aparcamiento del centro comercial un viernes por la tarde previo al verano, sin tener ningún reparo en cargarse a niños, madres y otros inocentes que poco o nada tenían que ver con la lucha armada. Fue el primero de aquella estrategia con la que se buscaba abrir los objetivos a todos los estamentos de la sociedad y con la que el colectivo Artapalo, que dirigía la banda en esos momentos, marcaba el paso de la nueva década previa al cambio de siglo. Pero la captura de Troitiño y la detención de los autores materiales del atentado obligaron a la cúpula a reorganizar el comando a través de uno de los terroristas con más experiencia de toda la organización, Juan Carlos Monteagudo.

Monteagudo fue miembro del grupo terrorista catalán Tierra Lliure, que abandonó cuando decidieron dejar las armas. Entonces se integró en ETA, donde, debido a su experiencia y brutalidad, se convirtió en el jefe indiscutible de este nuevo equipo, en el que también estaban Zubieta y Juan Félix Erezuma, que enseguida se convirtió en la mano derecha de Monteagudo.

En Biarritz, en la primavera de 1991, José Javier Zabaleta Elósegui, *Waldo,* se reunió con Zubieta para darle las órdenes definitivas. Lehoia deseaba volver a la actividad. Le proporcionaron documentación falsa y un billete de autobús a la Ciudad Condal, donde una colaboradora le recogería para llevarle a uno de los pisos francos que tenían alquilados en la urbe preolímpica, aquella que fue la envidia de España entera y que se encaminaba a uno de los momentos más importantes de su historia.

—¿Cómo fue el viaje, Lehoia? —preguntó Monteagudo.

—Largo pero bien.

—Tenemos órdenes de hacer mucho ruido, esta vez la que estamos preparando será de las gordas.

—¿Cómo?

—Mañana te contamos.

—Aquí no nos andamos con chiquilladas.

—¿Ya has conocido a Pilar?

—Sí, la que me vino a recoger a la estación, ¿no?

—Es más que un transporte; ella es una colaboradora comprometida.

—¿Cómo fue lo de los maderos? —preguntó Zubieta.

—Ja, eso fue la hostia, ¿verdad, Erezuma?

—Nos cargamos a seis de un solo golpe. Fue en Sabadell, antes de la Navidad. Fuimos a la Comisaría Central de Policía y estuvimos haciendo seguimiento, observando horarios de entrada y salida, ya sabes cómo funciona eso. Metimos una carga cojonuda, con seis bombonas cargadas de amonal. Esperamos en las inmediaciones a que llegaran los furgones policiales, y zas, cuando pasaron, Erezuma la activó y pegamos de lleno en el segundo furgón. La explosión reventó la furgoneta y palmaron seis policías.

—¿Recuerdas cómo celebramos?

—Hombre, no siempre se mata a seis *txakurras* de un solo golpe.

—*Bai, bai.*

—Pues lo que tenemos en mente será más gordo, como hicieron los franceses de Txomin, pero mejor.

—Mañana te contamos lo que tenemos planeado, que hay que celebrar que te has incorporado a un *talde* de los de verdad, de los de antes, ¿eh?

—He venido a eso, señores. A marcar la diferencia con el resto.

—Pues aquí es donde haremos historia. ¡Historia, por Euskal Herria!

—*Gora* ETA!

Al día siguiente, Monteagudo sacó los planos de la casa cuartel de Vic, a unos setenta kilómetros de Barcelona, donde pensaban perpetrar su siguiente acción. Le explicaron el plan con todo detalle, pero antes necesitaban recoger del zulo las bombonas de butano y el amonal que utilizarían para la explosión.

Para desplazarse hasta el lugar donde la organización había escondido las armas, utilizaron una furgoneta Citroen C15 que Pilar, la colaboradora, dispuso para ellos.

Se dividieron en dos grupos. Zubieta y Erezuma recogerían los bidones del zulo, mientras que Monteagudo prepararía la ruta de huida, para la que contaban con una casa que habían alquilado a las afueras de Barcelona en la que se esconderían después del atentado. Tenían dos vehículos robados con placas falsas en un garaje alquilado a nombre de Jordi, la pareja de Pilar, y decidieron montar los explosivos en uno de ellos por la noche, para evitar miradas y, sobre todo, para que el vehículo no estuviera cargado con varios días de antelación por si sufría alguna detonación o deterioro del material. Estuvieron días preparando el plan al detalle. La mitad del comando se dedicaba a vigilar la casa cuartel en distintas horas. Siempre a cierta distancia, porque la discreción era esencial para llevar sus planes a buen puerto: nadie debía sospechar de su presencia, pero tenían que conocer el barrio con la misma meticulosidad que sus vecinos.

Cuando se volvieron a reunir, unos días más tarde, terminaron de revisar todos los pasos del plan. En este caso, el comando estaba formado por tres terroristas y no cuatro, como era habitual, pero eran suficientes por su preparación y experiencia.

—Tenemos una oportunidad de oro.

—¿A qué te refieres?

—Hay un evento deportivo esta tarde en Vic, así que la mayoría de los *txakurras* estarán ocupados en la seguridad y la casa cuartel estará menos vigilada que de costumbre.

—Pues a qué esperamos —dijo Zubieta.

—Pongámonos en marcha, pues.

—*Bai.*

—Vayamos en los dos coches que tenemos en el garaje. Aunque solo cargaremos uno, será mejor que podamos desplazarnos en dos grupos por si hay controles. Después huiremos en la C15 de Pilar.

—Adelante.

Se dirigieron a los dos vehículos Renault 11, a los que les habían puesto matrículas falsas por si habían denunciado su desaparición. En uno de ellos, el que conduciría Erezuma, cargaron las doce bombonas de butano con dieciocho kilos de amonal cada una, por lo que en total transportaban un total de doscientos dieciséis kilos de explosivos. Prepararon un detonador a distancia que activaba la carga y metieron sus pistolas y la metralleta Uzi que llevaba Zubieta en el otro coche, en un pequeño hueco que habilitaron bajo la alfombra del copiloto.

Cuando llegaron al municipio de Vic, se dirigieron directamente a la zona de la casa cuartel. Allí aparcaron para comprobar el movimiento que pudiera haber en las inmediaciones. Estaban nerviosos porque sabían el impacto que causaría una acción de tal calado, pero al mismo tiempo se sentían excitados por la repercusión que conseguirían en el colectivo, donde se respetaba al que más daño hiciera, al que menos reparos tuviera a la hora de cometer acciones. Precisamente era en esa gloria en la que querían perdurar. Finalmente, cuando el reloj estaba por dar las siete de la tarde, se pusieron en marcha.

La casa cuartel estaba en la avenida de la Generalidad de Cataluña, a la que se accedía por una perpendicular, por la calle Andreu Febrer. El edificio colindante era el colegio del Sagrado Corazón, regentado por monjas, que servía de internado para muchos niños. A esa hora, jugaban en el patio del colegio, y otros tantos en el de la casa cuartel, que albergaba a los catorce agentes allí destinados, con sus respectivas esposas y un total de veintidós niños.

Al edificio de tres plantas se accedía por una rampa que llevaba directamente al patio, donde algunas porterías y canastas se mezclaban con el aparcamiento de los coches particulares de los agentes. Desde la rampa, los tres terroristas vieron que las puertas de la casa cuartel estaban abiertas de par en par y optaron por dejar caer el coche en vez de aparcarlo fuera, como habían hecho en Zaragoza o en otras acciones.

—Gira ahí. Cuando Erezuma sitúe el coche en el patio, tendrá que subirse rápidamente en el nuestro, pero necesito una distancia corta para que el mando funcione bien, no vayamos a cagarla ahora —dijo Monteagudo.

Erezuma se colocó en la puerta, justo donde la rampa comenzaba a inclinarse hacia el interior de la edificación. Puso la palanca de cambios del coche en punto muerto y se bajó rápidamente para dirigirse al vehículo donde le esperaban sus compañeros. La mujer de un guardia contemplaba, desde la ventana de su salón, a los niños que jugaban en el patio de la casa cuartel. Sus gritos pidiendo la pelota rebotaban en las paredes y miró hacia la rampa cuando observó que un coche comenzaba a bajarla sin conductor. Primero se sorprendió, pero enseguida, cuando se dio cuenta de que el coche descendía sigilosamente y con todo su peso en dirección hacia donde jugaban los niños, comenzó a gritar para que estos se apartaran.

La primera reacción de los pequeños fue mirar hacia la ventana desde donde alguien les gritaba, pero ya era demasiado tarde. Cuando Erezuma se subió en el otro Renault 11, Monteagudo cogió el mando a distancia y pulsó el botón. Zubieta aceleró para salir de la zona por la misma avenida de la Generalidad y seguir la ruta marcada para la huida. El estruendo provocado derribó por completo el acuartelamiento y las viviendas, y la onda expansiva redujo a añicos las ventanas de todos los edificios a quinientos metros de distancia. Una bola de fuego se apoderó de todo el complejo y el olor a amonal se cebó con el cielo de Vic. Fue tan grande la explosión que los niños que estaban jugando en el patio del colegio del Sagrado Corazón saltaron por los aires debido a la onda expansiva, mientras que los que estaban en el patio de la casa cuartel lo hicieron en pedazos. Todo se volvió escombros, y miles de trozos del muro y del cuartel salieron volando. Las mujeres que estaban en el interior de las viviendas del cuartel se desplomaron junto a las paredes y los ladrillos de la edificación. Todo quedó reducido a una enorme bola de humo bajo la que se encontraban los cuerpos destrozados de niños y esposas de los miembros de la Guardia Civil.

Los primeros minutos después del atentado fueron aterradores. De inmediato, bomberos, agentes de la Policía Nacional y miembros de la Guardia Civil comenzaron las labores de rescate. Uno de los guardias que estaban en el cuartel sacó en brazos a una niña de once años a la que le habían volado la pierna, y un compañero de la Policía la subió en el coche y salió corriendo hacia el hospital. Todo eran gritos y confusión, una desesperación producida por una barbarie que había superado todas las líneas rojas que se puedan pintar sobre cualquier moral. Los agentes del cuartel volvieron a él de inmediato para ayudar en las labores de búsqueda y escarbar entre los escombros para encontrar a sus hijos y a sus mujeres.

También la gente de la zona se volcó en los primeros momentos, mientras un sinfín de ambulancias y sirenas llenaba la ciudad entera de ruidos de rotativos y desesperación. Después de la explosión se pudieron rescatar sin vida los cuerpos de nueve personas, cinco de ellas niños de ocho, nueve, diez, once y diecisiete años. También la mujer y la suegra de un agente, mientras que una de las ambulancias atropelló mortalmente a uno de los guardias civiles que salían del amasijo de escombros en que había quedado el edificio de tres plantas. En total se pudieron contar diez cadáveres y más de cincuenta heridos, entre los que se encontraban muchos de los niños del colegio colindante, que también sufrió numerosos daños en la fachada.

Se vivieron momentos de terror, de destrucción total, de impotencia, de incomprensión. No se podía asimilar que una bomba de tal magnitud hubiera explotado mientras los niños jugaban en el patio. El dolor inundó las ciudades de Vic y de Barcelona, que no comprendían esta barbarie gratuita.

—Deva, acaban de volar la casa cuartel de Vic. Nos vamos de inmediato a Barcelona —informó el capitán González.

—Dios mío.

La Guardia Civil, rota de dolor, no tardó en reaccionar y movilizó a todos sus efectivos para tratar de detener a los terroristas que acababan de huir.

Mientras sus hijos y mujeres yacían entre los restos de ladrillo y polvo, los agentes de la Benemérita comenzaron a situar controles de carretera cada veinte kilómetros para hacer un cerco que limitara los movimientos del Comando Barcelona. No había duda de que ellos eran los autores materiales del siniestro atentado. Dos helicópteros sobrevolaban la zona y los alrededores mientras un tercero salió del cuartel de Inchaurrondo con el capitán González, la cabo Valdés y dos miembros más de los Servicios de Información. Al toque, varias unidades del GAR se desplazaron desde Logroño para prestar apoyo, y otras de la UEI se sumaron para intentar dar caza a los responsables de la matanza. Dos horas después del atentado, el capitán González y su equipo se encontraban en el puesto de mando que se habilitó para investigar el atentado. No podían perder ni un minuto y levantarían Cataluña entera si hacía falta para alcanzar su objetivo.

Mientras todo esto sucedía, un paisano payés se personó en el Gobierno civil, situado cerca del lugar del atentado. El teniente coronel de la Guardia Civil de la zona fue quien habló con él. Este le informó de que había visto esa misma mañana dos coches sospechosos en las inmediaciones de la localidad de Montañola. El hombre anotó las matrículas de los coches porque le picó la rareza de los mismos, y este hecho fue clave para los acontecimientos que se vivirían después.

No se trataba de una casualidad, y mucho menos en zonas poco transitadas o rurales, donde hasta el ruido de los motores es reconocido por la gente que vive allí. Sobre todo, llamó su atención una furgoneta Citroën C15, con matrícula B-3996-HB, con cortinas en los laterales y una franja negra en la parte baja de los lados. El otro coche, un Renault 11, tenía la numeración B-9283-GP. El policía acudió a su superior con la información.

—Hay dos coches sospechosos en la zona de Montañola que han podido verse también aquí. Tengo las matrículas anotadas.

—Ve inmediatamente a comunicárselo al teniente de la Unidad Orgánica de la Policía judicial y de la Guardia Civil. ¡Ya!

El capitán González había reunido los mapas de la zona y trataba de estudiar las rutas por las que habrían podido huir los terroristas. Era un trabajo minucioso que enseguida se vio interrumpido por la llegada de la nueva información aportada por el payés.

Deva comprobó los datos de las matrículas y se dio cuenta que las del Renault 11 eran falsas, mientras que las de la furgoneta sí eran reales. Estaba a nombre de una señora, Pilar, con domicilio en la localidad barcelonesa de Montcada. Rápidamente, fue a contarle al capitán González el hallazgo de esta pista, que era lo único que tenían para poder atrapar a los terroristas. Varias fuentes consultadas aseguraron haber visto una furgoneta de esas características, con las telas y la franja negra en los laterales, en las inmediaciones de Vic, por lo que entendieron que podía tratarse del vehículo que los terroristas usaron para huir. Aunque no era mucho y todo eran suposiciones, los Servicios de Información tenían por fin una pista, y en la misma tarde en que la sangre de los inocentes había bañado los restos de un edificio que ahora estaba reducido a piedras y cenizas. Cuando Deva salió del puesto de mando, observó que los compañeros de Juanjo ya estaban subiéndose en los Nissan Patrol, pues el capitán había activado a esa unidad del GAR para desplazarse hasta el domicilio en el que estaba registrada la furgoneta. No pudo verle a él, pero sabía de sobra que sería el primero en entrar cuando llegaran a la vivienda.

—Deva, a los coches —ordenó el capitán—. Seremos los primeros en registrar la vivienda en busca de alguna pista. No se nos pueden escapar.

—Sí, mi capitán.

Salieron tras la fila de coches que formaban las dos unidades del GAR con rumbo a Montcada, que distaba cincuenta y seis kilómetros de Vic. Cuando pasaban por los controles, los compañeros retiraban las cadenas de pinchos y dejaban pasar a los miembros mejor preparados del Cuerpo, que estaban detrás de los responsables de la masacre. Todos los involucrados en la investigación sabían ya que diez personas habían muerto y cada uno de ellos pensaba que podía ser un hijo suyo o su mujer. El dolor se transformaba en un profundo deseo de atrapar con vida a los terroristas para llevarlos ante la justicia, pero al mismo tiempo se emocionaban al ver al GAR actuando a toda velocidad para llegar a su destino.

Los primeros fueron los Servicios de Información. Deva y el capitán esperaron en el coche. Dos todoterrenos habían cortado la calle en los extremos, y entonces vio a Juanjo dirigiendo uno de los equipos apostados en la puerta y a la espera de recibir la orden para entrar. Llevaban un escudo antibalas, un perro especialista en explosivos y un mazo para derribar la puerta de la vivienda. Todos estaban en fila de a uno y llamaron a los telefonillos del edificio para que algún vecino les abriera y pudieran acceder al piso de Pilar, la dueña de la C15 que buscaban. Deva estaba nerviosa, como el capitán, pues no sabían si el Comando Barcelona se escondía tras la puerta de esa vivienda. Mientras otras unidades comprobaban las inmediaciones de la manzana buscando la furgoneta, se pudo escuchar por radio el «adelante» que el jefe del operativo ordenó a la unidad de Juanjo.

—¡Alto, Guardia Civil! —se oyó.

Nada más derribar la puerta de la vivienda, Juanjo apuntó con su arma a dos hombres que terminaban de cenar sentados a la mesa del salón. Supo enseguida que no eran terroristas, pues observó un miedo atroz en sus ojos cuando los ocho miembros de su unidad se desplegaron por la pequeña vivienda. Inmovilizaron a los dos tipos y Pilar, que salía de la cocina, se echó directamente al suelo, aterrada por la sorpresa de la acción, mientras el compañero de la unidad canina inspeccionaba las estancias de la casa y se aseguraba de que no había ni rastro de explosivos. Esposaron a los detenidos y los metieron en los Nissan Patrol para llevarlos de inmediato a la Comandancia de la Guardia Civil de Barcelona, donde se había organizado el operativo de búsqueda.

—Vamos, es nuestro turno.

El capitán González subió entonces con Deva para inspeccionar la vivienda y analizar la documentación que allí encontraran. Mientras, los mandos que comenzaron el interrogatorio de las tres personas detenidas advirtieron algunas contradicciones en su declaración, ya que Pilar dijo que la furgoneta la tenía Jordi, y este que no recordaba haberla usado esos días. Entendieron que se trataba de tres colaboradores de la banda y quedaron detenidos en dependencias policiales hasta obtener más datos.

Deva y el capitán continuaban registrando la casa, buscando todo lo que fuera relevante para avanzar en las pesquisas. Debían ser extremadamente minuciosos y no dejarse llevar por la prisa ni por las ganas de atrapar a los asesinos. Y para eso, Deva era la mejor.

—Mi capitán, tengo algo.

—¿De qué se trata?

—Es un contrato de alquiler, a nombre de la detenida, de una casa torre en Llisá de Munt.

—¿De qué fecha?

—De este año. El alquiler, está en vigor hasta 1992.

—Vamos. Tenemos que informar al teniente coronel ya mismo. Avise por radio, pero en la frecuencia segura, Deva.

—Sí, mi capitán.

—Buen trabajo. Vámonos.

Mientras tanto, en Vic, los trabajos de desescombro continuaban, ayudados por varias grúas de una obra cercana, pues el capataz había ordenado que sirvieran de apoyo a la Guardia Civil. Eran las doce de la noche y continuaba la búsqueda de víctimas gracias a los enormes focos que el Ayuntamiento de Vic instaló para dar luz a la oscuridad que se cernía sobre todos los guardias y voluntarios que trabajaban sin descanso sacando piedras, restos de escombros y cuerpos sin vida.

★   ★   ★

Erezuma fue el encargado de descorchar la botella de chacolí que se enfriaba en la nevera de la casa donde estaban escondidos. Habían guardado la furgoneta en el garaje. Se deshicieron del otro Renault 11 unas horas antes y los tres habían utilizado la C15 para escapar hasta su guarida. Se sirvieron las copas de vino y brindaron por el éxito del atentado, mientras veían en la televisión las noticias que narraban lo sucedido en la casa cuartel de Vic.

—¡Diez muertos! —exclamó Monteagudo.

—Pues habrá que tomarse diez chatos por cada uno de ellos, compañeros.

—*Gora ETA!*

—*Gora!* —gritaron los otros dos al unísono.

—Ha sido un éxito, Monteagudo —afirmó Zubieta.

—Joder, y tanto. En Francia estarán celebrando también.

—Voy a poner una cinta —dijo Erezuma—, el *Eusko Abendaren Ereserkia*.

—¿Trajiste casete? Dale, dale —confirmó Monteagudo.

Los tres se levantaron con sus vasos de chacolí y comenzaron a cantar la canción, levantando el puño izquierdo y emocionados por el buen resultado de la masacre que habían cometido esa misma tarde.

Gora ta Gora Euskadi, aintza ta aintza, bere goiko Jaun Onari.
Areitz bat Bizkaian da, zar, sendo, zindo, bera ta bere lagia lakua.
Areitz gainean dogu gurutza deuna beti geure goi buru.
Abestu gora Euskadi, aintza ta aintza, bere goiko Jaun Onari

(Arriba y arriba Euskadi, gloria y gloria, a nuestro Buen Señor. Hay un roble en Vizcaya, viejo, fuerte y sano, como él mismo y su ley.
Sobre el roble tenemos la sagrada cruz en lo más alto siempre.
Cantemos arriba Euskadi, gloria y gloria, a nuestro Buen Señor).

21

LLISSÁ DE MUNT

Al día siguiente por la mañana, las inmediaciones de Llissá de Munt se llenaron de guardias de paisano. En uno de los bares del pueblo, tres tipos entraron y pidieron unos bocadillos para el almuerzo. Después, uno de ellos se acercó al dueño y le preguntó si tenía unas fichas de dominó. Al cabo de un rato, el dueño se dio cuenta de que ninguno de ellos había iniciado la partida y le pareció sospechoso. Estaban inquietos, vigilantes, y observaban a todo el que entraba en el establecimiento.

Durante la madrugada, y ante la posibilidad de encontrase cerca de los autores del atentado, el jefe del operativo pidió que subieran desde la central de Madrid los miembros del equipo de la UEI a los que les tocaba el turno, y estos, desde la mañana, ya estaban desplegados por el pueblo vestidos de paisano. El mando de la operación pidió a todos los integrantes de la unidad que extremaran las medidas de seguridad. Solo tenían la dirección aportada por Deva Valdés la noche anterior y no había constancia alguna de que el Comando Barcelona se encontrara en el pueblo. Pero, aun así, era la única pista fiable con la que contaban, y eso, después de la barbarie sufrida el día anterior, era más que suficiente para que los mejores agentes de la Guardia Civil se integraran en el operativo.

Erezuma se levantó temprano, a las seis de la mañana, y salió un momento al jardín para comprobar lo silencioso que era el lugar. Estaban tranquilos, se sentían seguros, con un poco de resaca por la celebración de la noche anterior, pero decidieron quedarse en la casa para esconderse unas semanas más, hasta que los ánimos se calmaran un poco. Habían comprado provisiones y su *modus operandi* debía ser permanecer invisibles, como tantas otras veces habían hecho. Zubieta, todavía en la cama, llevaba varios meses sin ver a su sobrina, pero estaba convencido de que su *ama* la estaría cuidando bien. Menudo estreno había tenido tras incorporarse al Comando Barcelona, un hito que, desde luego, le permitiría en un futuro próximo ascender dentro de la banda.

Monteagudo fue el último en despertarse. Protestó porque la televisión no siguiera dando cobertura al atentado y se impacientó al darse cuenta de que no podían salir a comprar los periódicos para ver qué información publicaban los medios.

—Cuando hables con Pilar, dile que traiga la prensa, anda.

—*Egun on,* compañero. Que parece que has perdido las formas.

—*Bai, bai.* Quedamos en llamarla a media tarde, aún es mejor no contactar con nadie. Es muy arriesgado.

—*Bai,* pero debemos saber cómo están las cosas, ¿no?

—Aún me he quedado con ganas de seguir celebrando —añadió Erezuma.

—A ver si en la próxima *ekintza* tiene más suerte el nuevo al echarlo a suertes.

—Ja —se rieron los tres.

—¿Has comprobado fuera? —preguntó Monteagudo.

—*Bai.* En este pueblo no hay ni Dios en la calle.

—Habrá que esconder mejor la furgoneta. No quiero que la dejemos más tiempo con el culo al aire.

—Ahora me encargo —respondió Erezuma.

Las calles de Llissá de Munt eran estrechas, pequeñas y alargadas; apenas dos coches podrían cruzarse sin extremar el cuidado de no chocar los espejos retrovisores. Era un pueblo de veraneo, escondido en medio de pinos y casas aisladas particulares, con piscinas pequeñas y parcelas que no tenían más de trescientos o cuatrocientos metros de jardín. Para no llamar la atención de los vecinos, los miembros de la UEI y del Grupo de Apoyo Operativo fueron caminando separados muy despacio, sigilosos, hasta llegar al número 20 de la calle Anselm Turmeda, donde estaba la casa de alquiler que Deva había localizado en la vivienda de la colaboradora de la banda. Mientras, el dueño del bar se empezó a preocupar por la partida de dominó que no empezaba en la mesa a la que tres forasteros llevaban un par de horas sentados, y dudó si llamar a la Guardia Civil, agobiado por si eran ladrones o incluso terroristas. Lo que no sabía el hombre es que esos tres comensales eran miembros de la Unidad Especial de Intervención, que, antes de que la sospecha fuera a mayores, se levantaron y pagaron la cuenta. La hora indicada para iniciar el operativo estaba a punto de cumplirse.

—He llamado a Pilar, pero, oye, no contesta nadie en la casa.

—¿Cómo? Le dijiste que la llamabas ahora, ¿no?

—*Bai.*

—Joder, pues estará tirándose al Jordi ese, o al alemán, vete tú a saber —contestó Erezuma.

—¿Tapaste ya el coche? —preguntó Monteagudo.

—*Ez, ez.* Voy ahora, joder.

Junto al muro de la vivienda, ocho miembros de la UEI esperaban agachados para iniciar la operación. Todos vestían de paisano, pero se colocaron los chalecos antibalas y los subfusiles, además de cubrirse la cara con los cascos. Uno de ellos se fijó en la parte posterior del garaje, donde estaba aparcada una furgoneta Citroën C15. Con los prismáticos pudo ver que tenía la misma matrícula que la que habían investigado. Comunicó con el centro de mando la situación, y el teniente, que aguardaba junto al capitán González y Deva Valdés, no tuvo dudas de quiénes se escondían en ese chalé de las afueras de Barcelona.

Cuando Erezuma salió para tapar la furgoneta, la operación se dio por iniciada.

—¡Alto, Guardia Civil! —gritó el agente que estaba más cerca del terrorista.

—¡*Txakurras* de mierda!

Erezuma se refugió detrás de la C15 y comenzó a disparar mientras los miembros de la UEI saltaban los muros de la casa y respondían al tiroteo. En el interior, Zubieta y Monteagudo cogieron sus pistolas y se colocaron en las ventanas para contestar al fuego de los agentes, que ya estaban dentro del perímetro de la casa. Uno de los guardias consiguió alcanzar a Erezuma, que se tumbó en el suelo tras recibir la bala de la Benemérita.

—¡Cago en Dios, son los *txakurras*! —exclamó Monteagudo.

—¡Estamos rodeados! —dijo Zubieta.

Uno tras otro, disparo tras disparo, Monteagudo reptó por el suelo para intentar alcanzar a alguno de los miembros de la UEI, que desde el interior contestaban a las ráfagas que les lanzaban los de ETA.

Otro agente de la UEI llegó hasta la posición de Erezuma, que sacó una pistola de la chupa y le apuntó para matarle. Pudo cubrirse, pero recibió una bala en la pierna. Dio una vuelta en el suelo y disparó al cuerpo del etarra, que recibió varios disparos.

Monteagudo salió por la puerta de atrás para tratar de huir por las casas colindantes, mientras disparaba en todas las direcciones. No lo consiguió porque otro agente de la UEI le tenía cubierto y contestó a sus disparos; le dio muerte mientras huía. Cayó a plomo. Zubieta, que aún permanecía en el interior, entendió que no tenía escapatoria, así que soltó su arma antes de dirigirse a toda prisa a la salida principal.

Dos miembros de la UEI comprobaron que no llevaba el arma, se abalanzaron sobre él y le inmovilizaron contra el suelo del jardín delantero.

—¡Alto a la Guardia Civil! —gritó el agente que puso su rodilla sobre la espalda del etarra, mientras colocaba las enormes manos de este, una sobre otra, para esposarle.

Metieron a Zubieta en uno de los vehículos que habían accedido a la calle cuando se inició la operación.

★　★　★

En el puesto de mando, el capitán González y la cabo Deva Valdés escuchaban por radio el desarrollo de la acción policial y, tras los nervios iniciales, respiraron profundamente al saber que el Comando Barcelona, autor de la masacre del día anterior en el cuartel de Vic, había sido neutralizado.

—¿Quién es el detenido? —preguntó el capitán.

Tras unos segundos de silencio, un miembro de la UEI contestó a la pregunta:

—Se trata de Juan José Zubieta. Le hemos reconocido por las fotografías de los Servicios de Información.

—Deva.

—Mi capitán.

—Lo tenemos.

Epílogo

La banda terrorista ETA (Euskadi Ta Askatasuna) se fundó como un manifiesto cultural a finales de la década de los cincuenta con el fin de protestar y apoyar un movimiento y una tradición que buscaba la independencia del País Vasco, así como la reivindicación de los ideales de historia y uso de la lengua vascuence. El grupo universitario EKIN y la organización juvenil Euzko Gaztedi Indarra se unieron para organizar el I Congreso Mundial Vasco, celebrado en París en 1956, en el que apostaban por un relevo generacional de las añejas directrices que marcaba el Partido Nacionalista Vasco (PNV).

Dos años después, los dirigentes del PNV expulsaron del partido a EKIN y, posteriormente, en 1958, las dos organizaciones juveniles se enfrentaron a causa de las diferentes formas de actuar que proponían para conseguir sus reivindicaciones. De este modo, el grupo EKIN cambió sus siglas por las de ETA, y celebró su primera asamblea en el monasterio benedictino de Nuestra Señora de Belloc, en Urt, Francia. Entonces ya se definieron como movimiento revolucionario de liberación del pueblo vasco.

Mientras esto sucedía, el franquismo mandaba en España bajo un régimen totalitario que perseguía cualquier oposición a los ideales de un movimiento alejado de las libertades. En su forma de luchar contra cualquier oposición, ya fuera de izquierda, comunista o nacionalista, Franco prohibió el uso del euskera como lengua y también la ikurriña, la bandera oficial del País Vasco desde 1936, si bien existía desde la fundación del PNV en 1894, lo que provocó el rechazo de la sociedad, en especial en las zonas rurales, donde los distintos dialectos del vascuence se utilizaban como forma principal de lenguaje entre sus habitantes.

Respecto a la lengua, el euskera fue la conversión de todos los dialectos vascuences que se usaban en las provincias vascas desde siglos atrás. El vizcaíno, el alavés y el guipuzcoano, por ejemplo, tienen su origen en lenguas romances y mantienen una estructura gramatical única. Pero a finales del siglo xix se trató de reunir todos los dialectos en un único idioma, bautizado como euskera o batúa, promulgado por el fundador del PNV, Sabino Arana, y otros nacionalistas. En Francia, por ejemplo, se habló durante siglos el dialecto guipuzcoano, hasta que Napoleón Bonaparte decretó el uso oficial del francés en todo el territorio galo, de manera que poco a poco el vascuence se utilizó en el sur del país y se transmitió de generación en generación dentro de las familias y de forma residual.

La realidad es que los dialectos del idioma y de la tradición tenían mucho que ver con los valles y los límites naturales que la geografía marcaba en los territorios. El monte Gorbea, por ejemplo, era y es la frontera de Guipúzcoa y Navarra, al igual que el Amboto dibuja los límites naturales de Álava y Vizcaya. De ahí que la gente que vivía entre sus valles utilizara una lengua similar que cambiaba en algunos conceptos y formas al otro lado de la sierra.

Con toda esta mochila que llevaban a las espaldas los habitantes del País Vasco, durante la represión franquista se agudizaron los sentimientos de pertenencia a una cultura que estaba prohibida y perseguida, razón principal del embrión de sentimiento nacionalista que afloró en las juventudes de Norteña. Entre 1958 y 1967 se celebraron las cinco primeras asambleas de ETA, que año tras año fue escorándose cada vez más a la izquierda para separarse no solo del PNV y de su ideología conservadora, sino del poder dictatorial impuesto en el territorio español.

Posteriormente, el «proceso de Burgos» no hizo sino aumentar la aceptación social de la resistencia contra el franquismo, aunque ETA era ya una banda terrorista que había iniciado su andadura criminal con el asesinato del guardia civil José Antonio Pardines en un control de carretera. El autor material del atentado fue Francisco Javier Echevarrieta, que disparó al verse acorralado debido a la información comprometida que llevaba encima. Esa misma tarde, la Guardia Civil acabó con su vida mientras se defendía del tiroteo en la que se vio envuelta cuando localizaron al etarra.

Se puede comprender un sentimiento de protesta y de rechazo contra la represión sufrida por parte de la derecha nacional, que debió quitarse de en medio tras ganar la Guerra Civil, pero que convino a Europa por el frente común que se levantaba contra el comunismo de la Unión Soviética y otros países invadidos tras la Segunda Guerra Mundial. Por eso, en España, todo lo que sonara a comunismo era perseguido y ajusticiado, mientras que la revolución industrial ideada por Alfonso XIII y continuada por Franco llenaba de habitantes de Extremadura, Andalucía y de las dos Castillas las fábricas e industrias que se asentaban en los territorios de Norteña.

Poco a poco, la banda terrorista ETA pasó de estar integrada por ideólogos culturales que reivindicaban su pasado a nutrirse de los jóvenes descontentos de ideas políticas de izquierda que afloraban en todas las zonas rurales del País Vasco. Mientras, la represión franquista aumentaba y actuaba contra todo lo que no fueran los ideales del Movimiento Nacional, de manera que los bandos estaban cada vez más enfrentados. Esto dio pie a un aumento de las acciones militares por parte de ETA frente al pasado didáctico del momento de su fundación. Ya en la década de los años setenta, los asesinatos y las acciones contra intereses españoles de empresas, militares y policiales marcaron una hoja de ruta que siguió alargándose hasta el año 2011, año en el que banda terrorista ETA decidió entregar las armas, acorralada y desarmada por los Cuerpos y Fuerzas de Seguridad del Estado.

Antes de eso, durante los años setenta, distintas corrientes políticas se enfrentaron en el seno de la banda. Una vez muerto Franco, la corriente de los *milis* apostó por la vía política y el fin de las acciones criminales, mientras que la corriente de ETA político-militar, los *poli milis,* tomaron el control de la banda y promovieron el aumento de la escalada de terror, en un marco político en el que la democracia trataba de dejar atrás los tiempos grises de la dictadura militar. Al mismo tiempo, la cúpula de la banda puso en marcha la estrategia de la *kale borroka* para captar a nuevos pistoleros e integrantes de los comandos. Esto significaba que las personas más radicales, las más brutas y dispuestas a cometer actos vandálicos, serían las primeras seleccionadas para seguir el nuevo rumbo que tomaba la dirección, al toque de una estrategia macabra que buscaba «socializar el terror» para conseguir mejores condiciones en las negociaciones con los primeros gobiernos de la democracia.

Si un chico había nacido en un pueblo del País Vasco a mediados de los años sesenta o setenta, su cuadrilla de amigos era su principal incentivo. Eso pasaba en Norteña como en cualquier otro rincón del mundo, porque las condiciones sociales y de trato con el resto sí que se convierten en una situación que puede dirigirte hacia un lado u otro. Querer la independencia de tu pueblo no siempre conlleva ser un terrorista, del mismo modo que querer ser próspero no te obliga a atracar bancos ni a dar el palo a un furgón blindado con dos misiles tierra a tierra. Por muy nobles que sean las causas de un sentimiento que nada en el mar de la política territorial, un crimen no está justificado, aunque sí se puede entender cierta tolerancia hacia acciones de protesta contra una dictadura militar que minaba los derechos y las libertades individuales y colectivas. Pero hay un momento en que la línea se cruza y no se puede volver atrás.

Una bomba de amonal cargada de tornillos y metralla, con escamas de jabón para que provoque el mayor daño posible a niños, mujeres, civiles inocentes, en definitiva, que son ciudadanos con los mismos derechos que un policía o un guardia civil, nunca tendrá una justificación lógica ni comprensible. La libertad de una persona comienza y termina donde empieza la del prójimo, y la vida es un derecho de cada ciudadano que empieza, como decía Antonio Escohotado, de la piel para dentro en su territorio soberano. Hubo un momento en que la reivindicación dejó paso a la barbarie, en que las razones políticas se convirtieron en sinrazones humanas, y en que algunos de esos hijos de puta que luchaban por la libertad del pueblo vasco mataron sin piedad a inocentes, sin tener en cuenta el dolor ni la amputación vital que esas muertes supusieron para sus familias y para el conjunto de la sociedad.

Diez años después del cese definitivo de la violencia de ETA, Bildu debe limpiar su propio nombre e impedir que ningún miembro de la banda, colaborador, chivato, o afín, pueda manchar la razón de ser de una vía política para cualquiera de las pretensiones que tengan en su ideario. Pero, al mismo tiempo, a nadie se le debe olvidar que hubo un tiempo en España —que duró más de cincuenta años— en que unos terroristas te pegaban un tiro en la nuca si no aceptabas su extorsión, que te secuestraban si no pagabas el dinero de los chantajes y que una bomba te estallaba al ir al colegio o al volver de comprar el pan un domingo cualquiera.

Que este *Borroka* sirva, al menos, para que todos los jóvenes conozcan la historia de Norteña, la de España, y para que ni la mentira ni el blanqueamiento sirvan para olvidar los peores episodios de una lacra que se llevó por delante a más de ochocientas cincuenta víctimas inocentes. Y, de paso, para que la memoria democrática les devuelva la dignidad que algunos políticos se han empeñado en borrar.

BIBLIOGRAFÍA

AGUIRRE, Julen, *Operación Ogro,* Mugalde, Hendaya, 1968.

ALONSO, Rogelio, *La derrota del vencedor,* Alianza, Madrid, 2018.

ANTOLÍN, Matías, *Soares Gamboa. Agur, ETA,* Temas de Hoy, Barcelona, 1997.

ARAMBURU, Fernando, *Patria,* Tusquets, Barcelona, 2016.

AULESTIA, Kepa, *ETA contra la prensa,* Fundación Ramón Rubial, Madrid, 2022.

BAEZA, Álvaro, *ETA nació en un seminario,* ABL Press, Madrid, 1995.

— *GAL: Crimen de Estado,* ABL Press, Madrid, 1995.

BOCANEGRA, Enrique, *Un espía en la trinchera,* Tusquets, Barcelona, 2017.

BUENO, Pepa, *Vidas arrebatadas,* Planeta, Barcelona, 2021.

CASANOVA, Iker, *ETA (1958-2008): Medio siglo de historia,* Txalaparta, Pamplona, 2007.

DE LA CIERVA, Ricardo, *Hijos de la gloria y la mentira,* Fénix, Sevilla, 2004.

EGAÑA, Iñaki, *Breve historia de ETA,* Txalaparta, Iruñea, 2017.

FERNÁNDEZ MIRANDA, Juan y CHICOTE, Javier, *El jefe de los espías,* Roca Editorial, Madrid, 2021.

GALLO, Pablo, *Bestiario del Norte,* La Felguera, Madrid, 2020.

Goñi Tirapu, José Ramón, *El confidente,* Espasa, Madrid, 2005.

— *Mi hijo era de ETA*, Planeta, Barcelona, 2012.

Gurruchaga, Carmen, *El fin de ETA,* Planeta, Barcelona, 2006.

— *Los jefes de ETA,* Espasa, Madrid, 2006.

Iriondo, Iñaki y Sola, Ramón, *Mañana Euskal Herria,* Baigorri, San Sebastián, 2005.

Juaristi, Jon, *El linaje de Aitor,* Taurus, Madrid, 1998.

Lejarza, Mikel y Rueda, Fernando, *Yo confieso,* Roca Editorial, Madrid, 2019.

— *Secretos de confesión,* Roca, Madrid, 2022.

Longueira, Jesús, *ETA: Ni olvido ni perdón,* SND, Madrid, 2023.

Michelena, Luis, *Apellidos vascos,* Texertoa, Pamplona, 1969.

Peñaranda, Juan María, *Desde el corazón del CESID,* Espasa, Madrid, 2012.

Pery, Agustín, *Txalaparta,* Pepitas de Calabaza, Logroño, 2023.

San Sebastián, Isabel y Gurruchaga, Carmen, *El árbol y las nueces,* Temas de Hoy, Madrid, 2001.

Sánchez Corbi, Manuel y Simón, Manuela, *Historia de un desafío,* Península, Barcelona, 2021.

Silva, Lorenzo y Sánchez Corbi, Manuel, *Sangre, sudor y paz,* Planeta, Barcelona, 2017.

Sorel, Andrés, *ETA,* Txalaparta, Pamplona, 2018.

Teo Uriarte, Eduardo, *Tiempo de canallas,* Fundación Tomás y Valiente, Madrid, 2013.

Terradillos, Ana, *Vivir después de matar,* Espasa, Madrid, 2016.

Vaquero, Fernando José, *De ETA a EH Bildu,* Pompaleo, Pamplona, 2023.

VV. AA., *ETA: 50 años de terrorismo nacionalista,* Fundación Villacisneros, Madrid, 2020.

ZABALBEASCOA, J. A., *Las Vascongadas y el País Vasco francés,* Taber, Barcelona, 1969.

ZALDUA, Iban, *Como si todo hubiera pasado,* Galaxia Gutenberg, Barcelona, 2018.